PAUL FERRINI

Vindecă-ți viața

Cheile Împărăției

Traducere din limba engleză: Monica Vișan
Redactare: Ana-Maria Datcu
DTP: Prosperity Exprim (Felicia Drăguşin)
Design copertă: Andrea Nastac

Descrierea CIP a Bibliotecii Naţionale a României
FERRINI, PAUL
Vindecă-ţi viaţa : ghid de vindecare şi transformare : 8 practici spirituale ce îţi vor transforma viaţa / Paul Ferrini; trad. din lb. engleză de Monica Vişan. - Ed. rev.. - Bucureşti : For You, 2018

ISBN 978-606-639-172-6
I. Vişan, Monica (trad.)
159.9

Editura For You
Tel./fax. 021/665.62.23
Mobil: 0724.212.695; 0724.212.691
E-mail: comenzi@editura-foryou.ro
Website: www.editura-foryou.ro
Facebook: Editura-For-You
Instagram: @edituraforyou/
Twitter: @EdituraForYou

Printed in Romania ISBN 978-606-639-172-6

PAUL FERRINI

Vindecă-ți viața

Ghid în 12 pași pentru a-ți aduce
iubire, putere și sens în viață

Cheile Împărăției

8 practici spirituale
ce îți vor transforma viața

Ediție revizuită

Editura For You
București

Cuvinte de apreciere la adresa cărţilor lui Paul Ferrini

„Paul Ferrini ne reconectează la Spiritul Interior, la acel loc unde se pot vindeca până şi rănile noastre cele mai profunde."

Joan Borysenko

„Minunatele cărţi ale lui Paul Ferrini ne arată cum să păşim uşor şi cu bucurie pe planeta Pământ."

Gerald Jampolsky

„Scrierile lui Paul Ferrini reprezintă o lectură obligatorie pentru cei care sunt pregătiţi să-şi asume răspunderea asupra propriei vindecări."

John Bradshaw

„Cărţile lui Paul Ferrini sunt cele mai importante pe care le-am citit vreodată. Le citesc ca pe o biblie!"

Elisabeth Kübler-Ross

„Cuvintele lui Paul Ferrini te inspiră să iei hotărârea de a face schimbări în viaţa ta care să poată schimba lumea cu adevărat."

Neale Donald Walsch

„Paul Ferrini este un profesor de seamă în noul mileniu. Citirea lucrărilor sale a fost o mare revelaţie pentru mine."

Iyanla Vanzant

„Paul Ferrini este un Kahlil Gibran modern – poet, mistic, vizionar, mărturisitor al adevărului."

Larry Dossey

„Simt că această lucrare se naşte din prietenia neîntreruptă cu cea mai profundă parte a Sinelui. Am încredere în înţelepciunea sa."

Coleman Barks

Vindecă-ți viața

Ghid în 12 pași pentru a-ți aduce
iubire, putere și sens în viață

Prefață

Acum opt ani, i-am invitat pe cititorii mei să mi se alăture în Florida, la o serie de retreaturi intensive. Au venit oameni din întreaga lume, ca să învețe și să practice principiile iubirii necondiționate, autovindecarea și iertarea.

Mulți dintre ei au participat la trei retreaturi în doar trei luni, iar intensitatea cu care au făcut-o a creat rezultate extrem de importante. Rănile emoționale au început să se vindece. Oamenii au renunțat la tiparele de trădare de sine și au făcut pași către revendicarea scopului și a puterii personale.

Toți ne-am minunat de experiența avută și am vrut să le-o împărtășim și celorlalți. Așadar, la rugămințile cursanților mei, am alcătuit un workshop intensiv care să cuprindă și să integreze cele mai importante elemente din cei peste treizeci și cinci de ani în care le-am predat altor oameni și am scris cărți. Workshopul *Adevărata fericire* ne-a îndeplinit toate cerințele. A înlesnit o profundă vindecare emoțională și transformare spirituală pentru toți participanții.

În ultimii patru ani, au fost instruiți mulți profesori, iar workshopurile intensive *Adevărata fericire* au fost organizate cu mult succes în numeroase țări. „Programa" a fost tradusă în mai multe limbi străine, iar lucrarea noastră continuă să se extindă. Profesorii au devenit cu adevărat instrumente prin care să le fie transmisă şi celorlalţi această lucrare importantă. Prin prezenţa lor şi prin crearea unui spaţiu de acceptare şi de iubire necondiţionată, s-au format comunităţi în care oamenii capătă siguranţa de a se vindeca şi de a-şi transforma viaţa.

Este prima dată când acest plan de studiu le e oferit oamenilor sub forma unei cărţi. Nădăjduiesc ca pe această cale să aibă mai mulţi oameni acces la această învăţătură şi să decidă dacă vor să vină şi să lucreze personal cu unul dintre profesorii noştri certificaţi.

Ştim, din experienţă, că majoritatea oamenilor nu-şi vindecă prea uşor rănile familiei de origine şi nu reuşesc să distrugă tiparele de trădare de sine. Cei mai mulţi dintre ei au nevoie de o structură de sprijin solidă, care să-i facă să se concentreze energic asupra procesului de vindecare. De aceea, ne-am petrecut ultimii opt ani dezvoltând o comunitate de vindecare internaţională care îi sprijină în mod activ pe oameni în vindecarea emoţională şi întărirea sinelui.

Această comunitate îţi este pusă la dispoziţie ca resursă. Sprijinul altor persoane curajoase, care gândesc ca tine, te va ajuta să avansezi şi să obţii rezultate mai profunde.

Nu trebuie să trăieşti în sacrificiu, fără iubire şi sprijin. Această lucrare şi comunitatea din spatele ei te pot ajuta să te deschizi către o viaţă dedicată vindecării autentice şi întăririi sinelui. Vei învăţa să te iubeşti din interior către exterior şi, astfel, să iniţiezi un proces de dăruire şi de primire care îţi va transforma viaţa. Vei pune capăt suferinţei şi te poţi uni cu sentimentul de bucurie. Te vei exprima cu pasiune şi vei învăţa să-ţi dezvolţi şi să-ţi exprimi darurile. Vei învăţa să imprimi iubire în experienţele tale şi să atragi în viaţa ta tot mai multă iubire. Poţi să-ţi îndeplineşti menirea şi să trăieşti alături de partenerul tău de viaţă într-o relaţie de egalitate şi respect reciproc.

Toate darurile vieţii şi ale iubirii îţi sunt disponibile. Trebuie doar să faci ceea ce-ţi stă în putere să faci şi să-ţi deschizi inima, spre a le primi. Această carte te ajută să începi. Pe tot parcursul acestei călătorii, să ştii că suntem alături de tine, creând spaţiul în care să te vindeci şi să-ţi revendici puterea personală.

Cu dragoste şi binecuvântări,
Paul Ferrini

Harta celor 12 pași către vindecare și transformare*

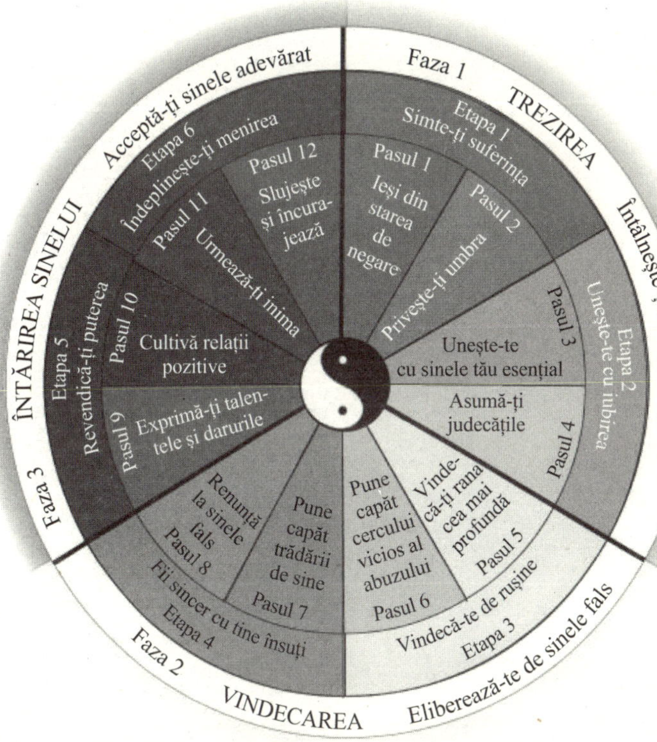

---

* Harta pentru workshopul *Adevărata fericire* este împărțită în 3 faze, 6 etape și 12 pași. Etapele sunt arătate mai sus, chiar dacă nu sunt menționate în această carte.

Introducere

Harta către vindecare și transformare

Suferința noastră este un semnal de alarmă

În timp ce dezvoltam *Harta celor 12 pași către vindecare și transformare*, i-am întrebat pe studenții mei: „Unde credeți că începe harta?" Mulți au spus că primul pas era *a te uni cu iubirea.* Era de înțeles. Dar voiam să pătrundă mai adânc, să răspundă personal la întrebare. „Unde a început vindecarea în cazul tău? Ce te-a făcut să vii la aceste retreaturi?"

Celia a răspuns imediat: „La mine totul a început când am simțit cât sufăr." Toți am rezonat profund cu ceea ce a spus. Pentru majoritatea dintre noi, călătoria de vindecare a început odată cu momentul în care suferința noastră a ieșit la suprafață și a refuzat să mai fie reprimată, îndepărtată sau ignorată. Pentru majoritatea, suferința a fost un semnal de alarmă. Ne-a arătat ce nu mergea în viața noastră, ce trebuia rezolvat ca vindecarea să se producă.

În lumea noastră, durerea nu e privită ca un mesager. Vrem s-o facem să dispară. Folosim tot felul de substanțe pentru a o înăbuşi sau a o anestezia. Alcoolul, medicamentele, drogurile, chiar şi mâncarea, munca sau sexul devin o cale de evitare sau de negare a durerii. În încercarea noastră de a găsi plăcere şi de a evita durerea, nu ne mai dăm seama că trebuie să ascultăm mesajul adus de suferinţă.

Dar Celia avea dreptate. *Trebuie* să ascultăm. Până când nu vom şti ce doare şi de ce doare, nu vom fi motivaţi să pornim în această călătorie de transformare.

A ne întâlni cu umbra noastră

Aşadar, în *prima fază* a lucrării, nu ne mai negăm sau reprimăm suferinţa şi începem să o simţim şi să ascultăm mesajul pe care ni-l aduce. Acest lucru ne face pe toţi să ne confruntăm cu sentimentul de ruşine. Toţi ne-am creat măşti sociale şi spirituale în spatele cărora ne ascundem, prefăcându-ne fericiţi în momente când, în interiorul nostru, ne simţim îngrozitor. A ne recunoaşte suferinţa faţă de noi înşine şi de ceilalţi presupune să ne dăm jos măştile şi să spunem adevărul despre felul în care ne simţim. Presupune să fim sinceri la nivel emoţional şi vulnerabili.

Bineînţeles că ne este frică să fim în lume fără masca noastră. În lume, suntem deseori crucificaţi, judecaţi şi învinuiţi pentru orice slăbiciune. Nu este prudent să-i lăsăm pe oameni să vadă cum ne simţim şi cine suntem noi cu adevărat. Ne este frică şi ne ruşinăm de ceea ce se află în interior. Asemenea lui Adam şi Evei, ne ascundem frica şi ruşinea şi ne prefacem că suntem fericiţi atunci când nu suntem.

Prin lucrarea noastră, creăm cu grijă un spaţiu de iubire şi de acceptare necondiţionată, astfel încât să simţim că ne putem împărtăşi suferinţa în siguranţă. Folosim *Regulile* *de bază ale Procedeului de Afinitate** pentru ca fiecare dintre noi să-şi asume experienţele şi să nu-şi proiecteze sentimentele de frică şi de ruşine asupra celor din jur. Învăţăm să vorbim şi să ascultăm din inimă. Învăţăm să avem încredere unii în ceilalţi şi să ne exprimăm adevărul experienţei noastre, astfel încât să nu mai fim nevoiţi să ne ascundem. Ieşim din ascunzătoare. Le dăm voie celorlalţi să ne audă şi să ne vadă. Ne dăm voie nouă înşine să fim iubiţi şi acceptaţi exact aşa cum suntem.

În *prima fază*, mare parte a lucrării constă în crearea unei comunităţi de vindecare, a unui spaţiu de siguranţă, în care putem să ne întâlnim cu umbra noastră şi a celorlalţi şi să o întâmpinăm cu compasiune. Pe măsură ce spunem adevărul, remarcăm că experienţa personală nu diferă atât de mult de cea a altora. Ea este şi suferinţa lor. Încercările şi necazurile noastre, judecata de sine, sentimentele de lipsă de valoare nu sunt atât de diferite de ale altora. Împărtăşim o lume psihologică similară, în care sentimentele de frică şi de ruşine se ridică, în mod repetat, la suprafaţă.

Ani de zile am crezut că eram singurii care se simţeau „neadaptaţi". Credeam că toţi ceilalţi sunt echilibraţi şi fericiţi. N-am ştiut că vedeam doar măştile pe care le purtau. Însă acum, în spaţiul de iubire şi de nonjudecată al comunităţii noastre de vindecare, unde ne putem da măştile jos în siguranţă, înţelegem că nu suntem singurii care suferă. Nu suntem singurii care se confruntă cu sentimente de frică şi de ruşine. Nu suntem singurii care se simt vinovaţi, speriaţi şi nedemni de a primi iubire. Fiecare persoană din încăpere se simte la fel. Este doar prima dată când ne-am împărtăşit suferinţa cu ceilalţi. Aceasta este un punct de răscruce

---

* Vezi cărţile mele *A trăi în inimă* [*Living in the Heart*] şi *Cheile Împărăţiei* a doua parte a cărţii de faţă (n. red.) pentru mai multe informaţii despre Grupul Procedeului de Afinitate. (n. aut.)

pentru toţi, un moment ce creează forţa de care avem nevoie pentru a ieşi din starea de negare.

Trecem de la existenţa într-o lume în care nu ne putem recunoaşte fricile şi slăbiciunile la una în care nu este un pericol să fim sinceri cu cei din jur. Ieşim din lumea în care trebuie să ascundem adevărul şi păşim într-o lume unde adevărul poate fi recunoscut de toată lumea.

În *prima fază* a lucrării, ajungem să ne confruntăm cu suferinţa noastră. Le-o împărtăşim şi celorlalţi. În loc să ne ruşinăm de sentimentele pe care le avem, învăţăm să le acceptăm şi să le depăşim. Ne sprijinim unii pe ceilalţi ca să menţinem un spaţiu de compasiune, unde ne putem confrunta cu propriile frici. Învăţăm să ne uităm la umbra noastră prin ochii iubirii. Acest lucru înseamnă că nu mai trebuie să fim ameninţaţi de aspectele nevindecate din noi înşine şi din ceilalţi. Nu mai trebuie să ne negăm suferinţa şi să o proiectăm asupra altora.

Împreună, putem crea un spaţiu pentru vindecare. Împreună, putem crea un mediu plin de iubire şi o cultură a iertării care să ne îngăduie să ne vedem şi să ne asumăm judecăţile, astfel încât să nu-i mai atacăm pe cei din jur.

A ne uni cu iubirea devine un aspect important din *prima fază* a lucrării. Dacă nu ne simţim iubiţi şi acceptaţi, nu ne putem uita la umbra noastră şi la cea a celorlalţi. Fără crearea unei legături de iubire, fie respingem/negăm umbra (cum am mai făcut-o şi până acum), fie ne identificăm cu ea şi credem că ne reprezintă. Fie ne îndepărtăm de călătoria noastră de vindecare, fiindcă ne speriem de ea, fie pătrundem în lumea de jos, fără să purtăm cu noi torţa ce-o luminează. Niciuna dintre alegeri nu este constructivă.

Înainte de a intra în lumea de jos pentru a ne confrunta cu propria umbră, trebuie să ne facem timp să acumulăm lumina şi iubirea conştienţei pline de compasiune.

A *doua fază* a *Hărţii către vindecare şi transformare* ne va aduce faţă în faţă cu rănile noastre cele mai profunde şi cu convingerile disfuncţionale despre noi înşine. Trebuie să fim pregătiţi să privim în faţă toate aceste lucruri. Trebuie să ştim că ne putem apleca asupra sentimentelor noastre de frică şi de ruşine cu blândeţe şi cu iubire. Trebuie să ştim că putem urmări şi accepta toate aceste aspecte din noi înşine. Asta ne ajută să le revendicăm şi să le integrăm în fiinţa noastră. Aşa ne însănătoşim psihicul, readucându-l la starea de întregire.

Călătoria în lumea de jos

Să nu-ţi faci iluzii. Ai nevoie de curaj pentru a face călătoria către interiorul tău. În a *doua fază* ni se cere să ne uităm la rănile provocate de părinţii noştri şi să ne confruntăm cu sentimentele de frică şi de ruşine pe care ni le provoacă. Ni se cere să vedem unde anume în copilărie încep tiparele de trădare de sine şi cum se continuă ele la maturitate, influenţând alegerile pe care le facem în privinţa activităţii şi a relaţiilor noastre. Ni se cere să privim tot scenariul vieţii personale: cum ne-am cedat puterea şi le-am permis celorlalţi să ia decizii în locul nostru sau cum ne-am asumat rolul îngrijitorului, al celui care controlează, luându-le altora puterea şi asumându-ne sarcina nepotrivită de decide în locul lor.

Ni se cere să vedem întregul cerc vicios al abuzului: cum victimele devin torţionari, cum ne transformăm în părinţii noştri şi le transmitem şi copiilor noştri rănile primite de la ei. Nu este ceva la care poţi privi cu plăcere. De aceea, majoritatea oamenilor nu pornesc în această călătorie sau, dacă pornesc, fac cale întoarsă înainte de a vedea lumina de la capătul tunelului.

Este nevoie de mult curaj pentru a simţi şi a transforma cea mai profundă rană din interiorul nostru. Nu ai putut face asta în copilărie. Era ceva prea înspăimântător şi copleşitor. Nu aveai tăria şi siguranţa de sine pentru a-i face faţă. Nu aveai sprijinul celorlalţi. A fost o perioadă de singurătate, iar tu ai făcut ceea ce facem cu toţii: ai îngropat rana, ai negat-o, ai ascuns-o şi ai uitat de ea. Nu-i nimic. Ce altceva ai fi putut face?

Însă chiar dacă ai făcut-o să dispară pentru un timp, aceasta reapare în mod inevitabil. Rana personală şi tiparul de trădare de sine ies la suprafaţă în fiecare relaţie apropiată pe care o ai.

Copiii tăi, părinţii, fraţii, colegii de serviciu, chiar şi străinii pe care îi întâlneşti pe stradă te fac să ai unele reacţii. Eşti „declanşat" când te aştepţi mai puţin. În pofida efortului tău de a-ţi ascunde sentimentele în spatele unei măşti, mânia (chiar furia) reuşeşte să curgă în afară. Îi poţi abandona pe cei dragi sau îţi poţi da voie să fii abuzat la nivel emoţional sau fizic. Toate acestea se întâmplă în viaţa ta sau în viaţa unei persoane apropiate. Este ceva obişnuit, dar despre care nimeni nu vrea să vorbească.

Există o conspiraţie a tăcerii. Nimeni nu vrea să cerceteze până la capăt. Iar după aceea oamenii se întreabă de ce se duce cineva să-şi cumpere o mitralieră şi împuşcă zece oameni la locul de muncă sau la şcoală ori îşi ucide soţia şi copiii. Este ceva înfiorător. Dacă nu este conştientizat şi vindecat, cercul vicios al violenţei proliferează.

Violenţa începe în inima şi în mintea noastră. Se extinde în exterior, în familie şi în comunităţi. Se epuizează prin intermediul războaielor şi al actelor de genocid. Infuzează conştientul colectiv. Oamenii vor să ucidă şi să extermine ceea ce nu înţeleg şi nu acceptă. Vor să distrugă umbra din ceilalţi. Se demonizează între ei ca să nu fie nevoiţi să simtă suferinţa provocată de abuzurile lor. Cred că ucid venetici sau diavoli, nu fiinţe umane. Însă, în realitate, ei îşi ucid mamele şi taţii. Îşi ucid copiii. Îşi ucid fraţii şi surorile. Toate acestea pentru că se urăsc pe ei înşişi. Toate doar pentru că nu s-au putut uita cu compasiune la umbra lor. Toate pentru că nu au învăţat să-i ofere iubire copilului rănit din interior.

Vindecarea copilului rănit

În *a doua fază*, învăţăm să ne revendicăm aspectele pe care le-am respins în noi înşine. Vedem ceea ce nu ne place, aspectele de care ne este ruşine. Pentru a vedea ceea ce condamnăm în noi înşine folosim oglinda pe care ne-o pun la dispoziţie ceilalţi oameni. Învăţăm să vedem şi să avem grijă de copilul lăuntric – cel care se simte respins şi nevrednic, cel care simte că nu merită să fie iubit şi nici măcar să respire aerul din jur. Cel care crede că este rău, imoral, josnic, urât, dezagreabil. Învăţăm să stăm lângă el când ţipă sau urlă. Învăţăm să-l urmăm cu răbdare când fuge şi se ascunde. Învăţăm să-l ridicăm în picioare când încearcă să se târască la picioarele noastre.

Oricât de greu ar fi, oricât de mult ar dura, învăţăm să avem grijă de copilaş şi să-l ţinem în braţele noastre. Învăţăm să spunem: „Nu te voi mai respinge, nu te voi mai abandona. Nu te voi judeca, nu te voi critica şi nu îţi voi spune că greşeşti. Nu-ţi voi face toate acele lucruri pe care ţi le-au făcut mami şi tati şi pe care am învăţat şi eu să le fac din exemplul lor. Nu voi fi cel care te va ataca. Voi sta aici, cu tine, şi voi învăţa să-ţi fiu prieten. Te voi accepta, te voi sprijini, voi învăţa să te iubesc, astfel încât să-ţi vindeci suferinţa, să poţi creşte şi să-ţi exprimi darurile. Voi fi părintele plin de compasiune pe care nu l-ai avut niciodată."

Nu e nevoie să spun că acesta este un proces de vindecare foarte profund, care nu se derulează rapid. Este nevoie de multă răbdare şi de convingere pentru o astfel de disciplină. Însă nimic altceva nu va da rezultate. Tu eşti cel care aduce iubire în propria experienţă. Nimeni altcineva nu poate face asta în locul tău. Nici mami, nici tati. Nici soţul, nici soţia. Tu eşti cel care trebuie să înveţe să aducă iubire. Numai iubirea ta îţi va vindeca rana.

Mulţi oameni încearcă să găsească scurtături către vindecare, însă aceste scurtături sunt întotdeauna o formă de negare. Încearcă să ducă la dispariţia suferinţei. Nu o invită în interior, astfel încât mesajul său de transformare să fie auzit.

Scurtăturile nu fac decât să-l înjosească şi să-l pedepsească încă o dată pe copilul rănit. Acestea îi transmit: „Dacă ai fi fost o fiinţă spirituală, ai fi fost vindecat deja. Trebuie să faci asta sau cealaltă, să spui asta, şi nu cealaltă etc." Sunt toate numai aiureli, însă copilul le crede pe toate, pentru că are impresia că este denaturat şi că are nevoie de corecturi. Acceptă cu bucurie încă un plan prin care să fie mântuit.

Fireşte că niciunul dintre aceste planuri nu va da rezultate. Sunt sortite eşecului şi nu fac decât să-i aducă acestui copil interior şi mai multă suferinţă, determinându-l să creadă cu şi mai multă convingere că nimic din ceea ce face nu este bine.

Singurul lucru care dă rezultate este iubirea, acceptarea. Cu ajutorul iubirii şi al acceptării construim o relaţie bazată pe încredere cu acest copil. Şi, cu timpul, primeşte un alt părinte care îi poate oferi vindecarea şi forţa de a creşte. Este un proces care durează ani, nu câteva zile, săptămâni sau luni.

Acest lucru nu ar trebui să te descurajeze. Dacă vrei să ai parte de o adevărată vindecare şi de o adevărată fericire, vei avea nevoie de timp, de răbdare şi de dedicare. Dacă înţelegi acest lucru, vei veni pregătit şi vei reuşi.

Adevărata vindecare şi transformare

În călătoria de vindecare, succesul înseamnă transformare reală, şi nu doar o modificare superficială. Adevărata vindecare se produce din interior către exterior şi se răspândeşte în fiecare domeniu al vieţii. *A treia fază* a hărţii are de-a face numai cu revendicarea puterii personale şi cu rezultatele obţinute.

Relaţia ta cu tine este transformată, deoarece ai învăţat să-i oferi iubire copilului lăuntric. Ai învăţat să păstrezi o legătură cu el, să fii sincer şi consecvent. Atunci când frica iese la suprafaţă, ştii cum să o tratezi cu compasiune. Când apar judecăţile, eşti blând cu ele şi îi trimiţi iubire celui care se simte nesigur sau nevrednic.

Întrucât ai creat o relaţie de iubire cu sinele tău, în activitatea şi relaţiile tale îşi poate face loc adevărata fericire. Poţi să-ţi recunoşti, să-ţi cultivi şi să-ţi exprimi darurile creatoare. Poţi să te uneşti cu dorinţa inimii şi să faci ceea ce-ţi place, aducându-le celorlalţi inspiraţie şi bucurie. Poţi să atragi şi să menţii o relaţie caracterizată de respect şi iubire cu un partener care ia parte la viaţa ta şi te însoţeşte în călătoria de vindecare.

Înveţi să-ţi asculţi călăuzirea, să-ţi asumi riscuri pozitive şi să intri pe uşile deschise din viaţa ta. Poţi simţi cum viaţa ta se desfăşoară din interior spre exterior. Oamenii pe care trebuie să-i întâlneşti sunt atraşi către tine. Resursele şi sprijinul de care ai nevoie se materializează fără să depui prea mult efort. Eşti flexibil şi te mişti odată cu mersul Universului. Ceea ce înainte era greu acum devine simplu. Ceea ce era o luptă acum devine facil. Nu mai trăieşti în lipsuri şi sacrificiu, ci întru bucurie şi abundenţă.

Iubirea ta pentru tine este atât de puternică şi de solidă, încât toţi cei din jurul tău o pot simţi. Oamenii vin la tine să-ţi ceară călăuzire, consolare şi sprijin. Oameni care au aceleaşi răni ca şi tine apar la uşa casei tale, la uşa biroului, a bisericii şi a templului. În mod firesc şi spontan, începi să le dai altora, înapoi, toate darurile pe care le-ai primit în propria călătorie de vindecare.

În mod formal sau nu, începi să slujeşti binelui comun şi planului de vindecare a planetei. Îţi îndeplineşti misiunea, oricare ar fi ea. Îţi asumi scopul în viaţă şi joci rolul unic pe care numai tu îl poţi juca. Darurile şi talentele tale, înţelepciunea şi forţa ta sunt puse în serviciul omenirii. Prin tine, alţii se vindecă şi descoperă adevărul din ei înşişi.

Întrucât ai devenit cel care oferă iubire propriei experienţe, Universul te sprijină să mergi mai departe, ca ghid spiritual pentru ceilalţi. Ţii în mână torţa iubirii necondiţionate, cu încredere, indicând direcţia şi luminând calea pentru cei din jur. Voinţa ta şi voinţa supremă a creatorului universal devin una şi aceeaşi.

Pe măsură ce vindecarea se produce în inima ta, Raiul vine pe Pământ, iar pacea pătrunde în lumea în care trăieşti. Fie ca experienţa ta cu această Hartă să fie la fel de puternică şi de transformatoare cum a fost pentru toţi aceia care au făcut această călătorie.

Namaste.

Prima fază
TREZIREA

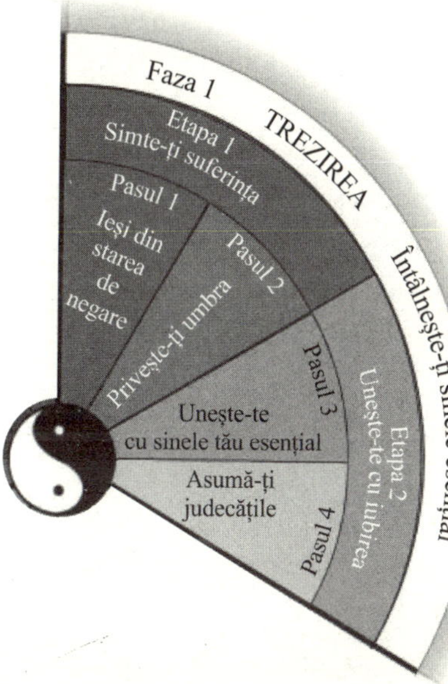

Pasul 1

Ieși din starea de negare

OBIECTIV:

Simte-ți suferința și privește-o
ca pe un semnal de alarmă.

STRATEGIE:

Renunță la masca ta. Deschide-ți inima.
Cunoaște-ți sentimentele și împărtășește-le cu ceilalți.

Adevărul – dur, dar important – este că nu te poţi vindeca până nu-ţi recunoşti suferinţa, frica şi ruşinea. Nu te poţi vindeca până când nu-ţi mai ascunzi sentimentele negative şi nu te mai prefaci că eşti fericit atunci când nu eşti. Ca să fii fericit trebuie să fii autentic. Trebuie să-ţi dai masca jos şi să fii real. Trebuie să ieşi din ascunzătoare.

Suferinţa este un semnal de alarmă. Prin urmare, a-ţi simţi şi a-ţi recunoaște suferinţa reprezintă primul pas al procesului de vindecare. Orice te împiedică să-ţi simţi durerea şi să-i descoperi sursa este un act de negare. Este o încercare de a ignora chemarea inimii şi a sufletului către trezire şi vindecare.

Toate dependenţele/obsesiile sunt o formă de negare. Îţi anesteziază durerea sau te ajută să scapi de ea. Atâta vreme cât eşti dependent, nu simţi profunzimea suferinţei şi nu eşti motivat să o vindeci.

Scoaterea măştii

Masca sau *persona* te ajută să fii acceptat în societate. Te ajută să pari normal şi bine adaptat, chiar dacă nu eşti. Îţi ascunde suferinţa şi le arată oamenilor o versiune „editată" a fiinţei tale. Aceştia nu-ţi văd frica, ruşinea, tristeţea, judecata de sine. Nu văd cât de mult te doare inima sau cât de agitată îţi este mintea. Cu alte cuvinte, masca îţi ascunde aspectele umbrei. Este ca machiajul sau fixativul de păr. Îţi ascunde coşurile şi îţi aranjează părul, chiar şi în acele zile când nimic nu pare să meargă cum trebuie. Masca face ca totul să arate mai bine decât este, astfel încât umbra să poată sta ascunsă.

Industria cosmetică profită enorm din strădania noastră de a nega umbra. Oamenii îşi fac operaţii estetice (lifting facial, liposucţii, implanturi mamare) deoarece nu se simt bine cu increţiturile şi ridurile unui trup îmbătrânit. Ei vor un trup perfect şi o viaţă perfectă. Bineînţeles că efortul de a găsi perfecţiunea în trup sau în lume este sortit eşecului. Trupul îmbătrâneşte şi moare. Lumea este un loc instabil. Aici nu există siguranţă.

Adevărata fericire nu poate fi găsită în exterior. Poate fi găsită doar în interior. Poate fi găsită doar prin crearea unei relaţii pline de iubire cu tine însuţi. Şi poţi crea o astfel de relaţie doar dacă te accepţi cu negi cu tot.

Asta înseamnă că trebuie să te împaci cu umbra. Trebuie să înveţi să vezi şi să iubeşti toate aspectele din tine – fizice, emoţionale şi mentale – care nu sunt ideale sau nu pot fi uşor acceptate, de tine sau de ceilalţi. Trebuie să fii dispus să priveşti nu numai locurile unde trupul se lasă şi capătă forme inestetice, ci şi acolo unde inima suferă sau simte tristeţe. Trebuie să înveţi să-ţi îmbrăţişezi toate experienţele – atât aspectele superioare, pozitive, de lumină, cât şi aspectele inferioare, negative, ale umbrei.

Mască şi umbră

Este posibil ca oamenii să-ţi agreeze masca, dar să nu vadă, să accepte sau să cunoască ceea ce se află în spatele ei. Poate că nici tu nu cunoşti acea parte esenţială, mai profundă din tine. Se poate să fii deconectat de corpul tău emoţional şi de durerile suferite de inimă.

Umbra ta este închisă în spatele măştii. Deoarece se desfăşoară la nivel subconştient, puţini oameni o cunosc. De obicei, umbra se vede în momentul în care un factor declanşator face ca durerea noastră să erupă. Este ceva neaşteptat şi surprinzător. Devii martorul unor răni nevindecate, de existenţa cărora nici nu ştiai.

În mod inevitabil, relaţiile noastre ne pun la încercare, făcând vizibilă durerea din spatele măştii. Ca majoritatea dintre noi, probabil că încerci să eviţi această erupţie a umbrei, întrucât nu vrei să ai de-a face cu propria durere sau cu durerea altor oameni.

Societatea te recompensează atunci când porţi o mască reuşită şi îţi trăieşti viaţa în spatele ei. Totul se rezumă la „a face faţă". Trebuie să arăţi bine, chiar dacă nu te simţi bine. Trebuie să negi umbra şi să nu te uiţi la suferinţa ta şi la tiparele de trădare de sine. Scoaterea măştii este, aşadar, un act revoluţionar. Reprezintă primul pas din procesul de vindecare a suferinţei şi de unire cu umbra.

A ieşi din carapace

Unii oameni nu-şi creează niciodată o mască bună. Nu se conformează prea uşor regulilor. Atunci când ceilalţi îi critică sau îi judecă, o iau la fugă. Se retrag într-o carapace emoţională. Se ascund acolo şi rămân invizibili, astfel încât nimeni să nu-i critice, să nu-i respingă şi să nu încerce să-i corecteze.

Masca este creată pentru a obţine acceptare socială, prin faptul că ne arătăm numai partea „bună“, iar carapacea ne ajută să ne izolăm de ceilalţi, ca să nu ne înjosească (să spună despre noi că suntem „răi“ sau că „greşim“) ori să ne atace. Unii dintre noi își creează măşti. Alţii își construiesc o carapace. Uneori, le creăm pe ambele, în acelaşi timp sau în momente diferite din viaţa noastră.

De obicei, cel care îşi construieşte o carapace nu are o viaţă socială prea activă. Nu simte că ar vrea să-i aparţină unui grup. Preferă să fie independent şi liber decât să rişte pierderea acestei libertăţi, conformându-se ideilor şi aşteptărilor celorlalţi.

Atunci când porţi o mască, ceilalţi nu pot vedea cine eşti cu adevărat. Le arăţi un sine fals. Atunci când te ascunzi într-o carapace, oamenii nu se pot apropia de tine. Te ascunzi de ei, pentru că ţi-e frică de critică şi de respingere. Din câte ştii, probabil, crearea măştii şi a carapacei începe de la o vârstă foarte fragedă.

Acest prim pas din procesul de vindecare se referă la ieşirea din orice mecanism al negării pe care l-ai adoptat de-a lungul timpului. Îţi cere să-ţi dai jos masca sau să ieşi din carapace. Îți cere să te faci văzut, în fața ta și a celorlalți, exact așa cum ești.

Puterea unei comunități vindecătoare

La *Pasul 1* ți se cere să fii tu însuți. Ți se cere să nu te mai ascunzi sau să nu te mai prefaci că ești altcineva și să accepți cine ești tu cu adevărat. Nu mai trebuie să trăiești în minciună. De fapt, suferi tocmai fiindcă trăiești această minciună. Nu vrei să recunoști sincer cine ești.

A fi sincer înseamnă să recunoști că suferi, față de tine însuți și de ceilalți. Înseamnă să începi să vezi acele părți din tine pe care nu ai învățat încă să le iubești. Înseamnă să te confrunți cu frica și să învingi sentimentul de rușine.

Firește că pentru așa ceva ai nevoie de curaj. Și ai nevoie de un mediu în care să poți fi tu însuți. Este nevoie de crearea unei comunități pline de iubire, unde să-ți poți vindeca rănile alături de ceilalți și unde să-ți poți asuma puterea personală și sensul în viață.

Comunitatea de vindecare oferă un antidot mult așteptat pentru experiența familiei de origine. Fie în mod deschis, fie subtil, ai fost rănit în familia în care te-ai născut. N-a fost vina părinților. Și ei au fost răniți și nu au făcut decât să te învețe ceea ce i-au învățat și pe ei părinții lor. Nu încercăm aici să dăm vina pe părinți sau să-i facem responsabili de suferința ta. Ar fi o pierdere de vreme. Ar duce la victimizare, nu la întărirea sinelui.

Însă nu vrei să-ți negi trecutul. Întrucât nu te-ai simțit în siguranță în propria familie sau nu ai fost acceptat de către părinți și frați, ai învățat să-ți pui o mască sau să-ți construiești o carapace. Aici ai început să te trădezi sau să te izolezi de ceilalți. Aici ai învățat să trăiești o minciună sau să te deconectezi de propriile sentimente.

Acum, pe măsură ce ieşi din starea de negare şi eşti dispus să-ţi recunoşti sentimentele, ai nevoie de o familie înţelegătoare, unde sentimentele sunt acceptate, iar oamenii sunt încurajaţi să fie ei înşişi. Pe măsură ce ieşi din carapace sau îţi scoţi masca de pe chip, comunitatea de vindecare îşi înfăşoară, cu iubire, braţele în jurul tău. Te încurajează să fii sincer şi autentic. Te invită să-ţi împărtăşeşti adevărul lăuntric cu ceilalţi.

Crearea unui grup de sprijin

Sper să poţi citi această carte într-un grup de oameni care gândesc ca tine şi care sunt pregătiţi să se vindece şi să-şi preia puterea personală. Ideal este ca lucrarea prezentată aici să fie făcută într-un grup mic de 8 sau 10 persoane care se întâlnesc săptămânal, timp de cel puţin 12 săptămâni. Dacă nu ai un astfel de grup, te încurajez să faci cursul nostru pentru facilitatori şi să organizezi un grup în comunitatea ta. La cursurile noastre, vei aprofunda această lucrare în decurs de trei weekenduri. Vei descoperi că este o experienţă transformatoare. Cursurile te vor ancora în conceptele şi practicile spirituale prezentate aici. Te vor ajuta să te trezeşti, să te vindeci şi să-ţi asumi menirea şi puterea personală. Apoi, vei fi pregătit să le împărtăşeşti şi altora această lucrare.

Patru moduri de a rămâne în starea de negare

Există patru căi principale prin care ne negăm suferinţa:

1. Îţi porţi masca.
2. Te ascunzi în carapace.

3. Devii dependent de substanţe care îţi maschează suferinţa.
4. Îţi explici pe cale raţională sentimentele.

Poţi avea unul, două, trei sau chiar toate cele patru mecanisme de negare. Tu ce mecanism de negare ai? Pentru a începe să te trezeşti şi să-ţi asumi responsabilitatea pentru viaţa ta, este esenţial să înţelegi modurile în care trăieşti în negare. Toate încercările de a scăpa de durere prin medicamente, negare sau evitare sunt sortite eşecului. Atunci când fugi de suferinţă, creezi mai multă suferinţă. Doar atunci când te confrunţi cu propria durere poţi să o învingi. Te rog să nu-ţi mai fie frică de suferinţă! Priveşte-o ca pe un aliat. Suferinţa este un semnal de alarmă. Îţi arată ce trebuie să schimbi, să vindeci sau să transformi în viaţa ta.

Două sfaturi pentru simţirea şi învingerea suferinţei

1. Ieşi din sfera capului. Nu mai analiza, nu mai căuta explicaţii raţionale sau justificare pentru sentimentele tale. Nu faci decât să-ţi îndepărtezi suferinţa. Simte-o, pur şi simplu.
2. Renunţă la mască. Ieşi din carapacea izolării. Împărtăşeşte-le şi altora suferinţa ta dacă te simţi în siguranţă să o faci. Atunci când ai curajul de a spune că suferi, îţi dai seama că nu eşti singurul care suferă. Acest lucru te ajută să depăşeşti o parte din sentimentul de ruşine şi să creezi o comunitate care să te sprijine în procesul de vindecare.

Întrebări esenţiale

- Am o mască, o carapace sau ambele?
- Cum arată masca mea şi când o port?

- Există vreun loc unde nu-mi este frică să-mi scot masca?
- Cum arată carapacea mea şi când mă refugiez în ea?
- Carapacea mea mă izolează de ceilalţi? Este acesta preţul pe care trebuie să-l plătesc pentru a mă simţi în siguranţă?
- Îmi este greu să renunţ la mască/să ies din carapace şi să-mi împărtăşesc suferinţa cu ceilalţi?
- Ce dependenţe mi-am creat ca să-mi amorţesc durerea sau să mă ajute să o evit?
- Îmi analizez raţional sentimentele, astfel încât să nu fiu nevoit să-mi simt suferinţa?

Pasul 2

Privește-ți umbra

OBIECTIV:

Acceptă și unește în psihicul tău întunericul și lumina.

STRATEGIE:

Privește cu compasiune. Fii blând cu tine însuți.
Privește fără să judeci sau să fii dur cu tine însuți.

Umbra este partea întunecată a sinelui. *Persona* (sau masca) este partea luminoasă a sinelui. Asemenea altora, încerci să le arăţi celorlalţi oameni partea ta luminoasă şi să o ascunzi pe cea întunecată. Dar, astfel, nu eşti totalmente sincer sau autentic. O parte din tine este deconectată, ignorată şi ascunsă sau neconştientizată.

Pentru a fi autentic şi real trebuie să accepţi tot ceea ce eşti: întuneric şi lumină, calităţi şi defecte, ceea ce-ţi place şi ceea ce nu-ţi place. Atunci când umbra şi *persona* sunt reunite, psihicul este reîntregit, iar adevărata fericire devine posibilă.

Umbra este lăcaşul suferinţei. Acolo trăiesc sentimentele de frică şi de ruşine.

Încerci să-ţi ascunzi umbra în spatele măştii, însă nu reuşeşti. Asta deoarece îţi proiectezi aspectele întunecate în exterior, asupra celor din jur. Aşa cum aceştia reacţionează la comportamentul şi la cuvintele alimentate de rănile lăuntrice din subconştientul tău, şi tu reacţionezi la ce se află în subconştientul lor. Aşadar, umbra ta (şi a lor) nu rămâne ascunsă, ci este oglindită de ceilalţi. Aceştia îţi arată aspectele tale neprelucrate, nevindecate, de care nu eşti conştient şi pe care trebuie să înveţi să le recunoşti, să le iubeşti şi să le accepţi.

Proiecţie şi factori declanşatori

În mod inevitabil, vezi în ceilalţi ceea ce nu vrei să vezi sau să recunoşti la tine. Dacă nu vrei să priveşti în interiorul tău şi să te întâlneşti cu umbra, o vei vedea în exteriorul tău. Îţi va fi reflectată de către ceilalţi oameni.

Nu vrei să-ţi priveşti umbra, însă nu ai de ales. Tot ceea ce nu este vindecat se va exterioriza şi va fi văzut sub forma cuvintelor şi actelor oamenilor care te fac să reacţionezi.

Prin urmare, suferinţa ta nu este alcătuită doar din sentimentele de frică şi de ruşine învăţate în copilărie, ci şi din judecăţile permanente (ruşine proiectată) şi din furia îndreptată împotriva celorlalţi (frică proiectată). De aceea, fiecare judecată emisă şi fiecare expresie a furiei trebuie iertate. Nu te poţi vindeca dacă nu ierţi.

Atunci când Iisus ne-a spus „Nu judecaţi, ca să nu fiţi judecaţi“*, ne vorbea despre un adevăr important. Căci, de

* Cf. *Matei* 7, 1. (n. tr.)

fiecare dată când judecăm defectele celorlalți, ne autoînvinovățim. Fiecare dintre noi este judecător, jurat și călău.

Legea spirituală a egalității (vezi lucrarea mea *Legile dragostei**) îți spune că nu-l poți răni pe altul fără să te rănești și pe tine însuți. Nu este doar o metaforă, ci și un adevăr concret. Întotdeauna te tratezi pe tine însuți așa cum îi tratezi pe ceilalți. Dacă dăruiești iubire, iubirea se întoarce la tine. Dar dacă emiți critici sau respingere, acestea ți se vor întoarce. Primești ceea ce dai. Aceasta este legea vieții.

Este greșit să crezi că cineva poate prospera dacă minte, înșală, critică sau profită pe nedrept de alții. Bine faci, bine primești. După faptă și răsplată. Așa stau lucrurile. Dacă nu știi asta încă, mai devreme sau mai târziu vei afla și singur.

Dar de ce să aștepți ca principiile spirituale să înceapă să lucreze în viața ta? „Toate câte voiți să vă facă vouă oamenii, asemenea și voi faceți lor."** Dă ceea ce vrei să primești. Slujește așa cum vrei să fii slujit. Iubește așa cum vrei să fii iubit – liber și fără condiții.

De ce este atât de greu să-i iubim pe ceilalți

Majoritatea oamenilor au cele mai bune intenții. Chiar ne străduim să-i iubim ce cei din jur. Și, de obicei, reușim să-i iubim pe oamenii care ne împărtășesc valorile și sunt amabili cu noi. Dar de îndată ce intră cineva în câmpul nostru energetic și ne provoacă, ne judecă sau se uită la noi cu dezaprobare, explodăm. Furia cu care reacționăm ne șochează. De unde vine această furie?

---

* În volumul *Prezența iubirii. Legile iubirii. Puterea iubirii*, apărut la Editura For You. (n. red.).

** Cf. *Matei* 7, 12. (n. tr.).

Răspunsul nu e greu. Furia este alimentată de sentimentele de frică şi de ruşine – principiile de bază ale umbrei. Ideea este că ne e teamă că cineva ne-ar putea răni (frică) sau ne-ar înjosi (ruşine). Frica şi ruşinea îşi au rădăcinile în rănile noastre din copilărie. Toţi ne-am temut de părinţii noştri şi de alte figuri autoritare. Erau mai mari şi mai puternici decât noi. Dar şi ei erau plini de frică. În momentul în care ne-au judecat sau ne-au criticat, am preluat mesajul lor şi l-am interiorizat.

Toţi purtăm cu noi numeroase straturi formate din frică şi ruşine. În momentul în care aceste sentimente sunt declanşate de către o persoană autoritară sau care seamănă cu unul dintre părinţii noştri, ne ieşim din fire. Toată furia şi toată ura de sine pe care le-am acumulat încă din copilărie ies la suprafaţă. Sau, dacă am fost învăţaţi să ne reprimăm ori să ne negăm furia, ne închidem la nivel emoţional sau ne cufundăm în depresie.

Învăţăm destul de devreme că nu-i atât de uşor să-i iubeşti pe oameni. De fapt, uneori pare a fi o sarcină imposibilă. Pe unii oameni îi putem iubi, însă pe alţii îi urâm şi îi judecăm. Ne simţim obligaţi să-i atacăm, să-i respingem sau să-i abandonăm. Nu suntem mândri de asta, însă nu ştim cum să facem altfel. Nu ştim cum să-i iubim necondiţionat pe ceilalţi.

A iubi şi a accepta umbra

Adevărul este că nu vom reuşi să iubim necondiţionat pe altcineva dacă nu reuşim să ne iubim fără condiţii pe noi înşine. Asta înseamnă că trebuie să învăţăm să ne acceptăm partea întunecată şi să o tratăm cu compasiune. Trebuie să ne privim frica, ruşinea, furia, judecăţile, dependenţele şi obsesiile, precum şi greşelile împotriva altora cu înțelegere și cu acceptare. Trebuie să privim cu compasiune rănile personale și rănile părinților noștri. Trebuie să vedem modul în care cercul vicios al abuzului este transmis din generație în generație.

Facem acest lucru nu pentru a ne cufunda în propria suferință, ci pentru a-i înțelege sursa. Odată ce putem simți compasiune pentru copilul rănit din interior, odată ce reușim să-l luăm în brațe și să-i oferim iubirea și acceptarea pe care și le dorește atât de mult, începem să ne transformăm viața, din interior către exterior. Sinele-umbră se reunește cu masca, iar ruptura sufletească începe să se vindece.

Pe măsură ce ne împăcăm cu umbra noastră, partea întunecată a celorlalți nu ne mai provoacă atât de multe reacții. Nu mai răspundem la judecata, la critica și la învinuirile lor. Știm că toate acestea sunt alimentate de propriile lor răni. Este suferința lor, nu a noastră. Nu trebuie să ne-o asumăm. Însă putem să o înțelegem și să creăm un spațiu în care și ei să ajungă să o înțeleagă, întrucât am învățat să construim acest spațiu pentru noi înșine.

A ne iubi și accepta umbra este calea de a-i iubi pe ceilalți, fără condiții. Nu se întâmplă peste noapte. Este nevoie de multă răbdare și de mult curaj. Avem nevoie de ani de practică spirituală, în care să învățăm cum să ne purtăm cu noi înșine într-un mod plin de iubire. Odată ce am început să facem asta, devine mai ușor să-i tratăm cu iubire și pe ceilalți.

Ideea este că nu putem pune carul înaintea boilor. Nu putem să-i iubim pe ceilalți înainte de a învăța să ne iubim pe noi înșine. Iubirea de sine este motorul transformării. Iar lucrarea asupra umbrei este planul de lucru.

Proiectarea fricii și a rușinii asupra celor din jur ne face să participăm la drama din lume. Acolo, toată energia noastră este investită în supraviețuire și autoprotecție. Acolo, frica și anxietatea noastră se intensifică.

Şi totuşi, oricât de multe scuturi am ridica, niciodată nu ne putem simţi în siguranţă.

Descoperim adevărata siguranţă abia când ne împăcăm cu umbra noastră. Atunci, nu vom mai atrage energia întunecată a celorlalţi. Rămânem în inima noastră. Învăţăm să-i iubim pe cei din jur, chiar şi atunci când ei nu ne iubesc. Atunci când încearcă să ne înjosească sau să ne învinuiască, întoarcem şi celălalt obraz. Îi invităm să ne vadă aşa cum suntem cu adevărat: un egal al lor.

A învăţa de la umbră

În momentul în care întâlneşti umbra altei persoane, cu energia sa bazată pe ruşine şi vinovăţie, ai şansa de a face un exerciţiu spiritual deosebit de intens. Poţi vedea nevinovăţia din spatele umbrei? Îţi poţi vedea şi recunoaşte propria nevinovăţie, chiar dacă acea persoană te învinovăţeşte?

Atunci când oamenii te înjosesc sau dau vina pe tine, poţi vedea că îţi arată doar propriile sentimente de ură de sine şi de vinovăţie? Te-ar mai ataca dacă s-ar iubi pe ei înşişi şi ar şti că sunt nevinovaţi? Probabil că nu!

Nimeni nu-l învinuieşte pe altul dacă nu se simte nevrednic sau mai prejos decât alţi oameni (ruşine). Nimeni nu-l atacă pe altul dacă nu îi este teamă că va fi rănit la nivel fizic, emoţional sau mental (frică). În atacul lui vezi o tentativă de a te răni pe tine sau un strigăt de a fi iubit? Îţi spune că nu se simte iubit şi că are nevoie de iubirea ta?

Oamenii care te fac să reacţionezi sunt cei mai buni maeştri. Aceştia îţi oglindesc părţile nevindecate. Dacă poţi privi în spatele umbrei, la lumina lor lăuntrică, îţi vei întări credinţa în propria nevinovăţie. Poţi să ştii că fratele tău, sau sora ta, merită să fie iubit în fiecare moment.

Dacă eşti de altă părere, înseamnă că te laşi influenţat de sentimentele de frică sau de ruşine. În acest caz, a venit vremea să-ţi faci lucrarea spirituală.

Nu poţi justifica faptul că nu-i accepţi sau nu-i iubeşti pe ceilalţi. Nu există cineva care să nu merite iubirea şi acceptarea ta. Unii oameni pot fi greu de iubit. Te pot provoca. Pot avea trăsături care îţi reflectă convingerile negative subconştiente. Dar acest lucru nu face decât să-ţi ofere o şansă de a-ţi conştientiza umbra. Te ajută să-i oferi iubire unei părţi din tine pe care nu ai agreat-o şi nu ai acceptat-o niciodată. Atunci când o persoană dificilă intră în câmpul tău energetic, solicitându-ţi atenţia, poţi fi sigur că se află acolo pentru ca tu să înveţi ceva important. Găseşte o cale de a o privi cu iubire, iar acea iubire va ajunge la cel mai profund şi mai rănit aspect din tine.

Pe măsură ce te împrieteneşti cu propria umbră, nu mai eşti nevoit să o proiectezi asupra celorlalţi. Îţi poţi vindeca relaţiile cu oamenii care în trecut îţi provocau reacţii. Întreaga ta viaţă începe să se transforme.

A privi cu compasiune

Cheia procesului de reunire cu umbra este de a o privi cu compasiune. Acest lucru presupune să te uiţi la judecăţile pe care le emiţi asupra ta şi asupra celorlalţi fără să fii prea dur cu tine. Trebuie să vezi aspectele întunecate, nevindecate ale sinelui fără să le consideri rele sau periculoase.

Atunci când priveşti cu acceptare şi compasiune, aduci lumină în locurile întunecate ale sufletului. Astfel le luminezi şi creezi potenţialul de a le integra.

În schimb, atunci când priveşti cu judecată, împingi umbra înapoi în întuneric. O transformi în ceva negativ, periculos, inacceptabil şi, da, o pierzi iar din *vedere*.

Motivul pentru care majoritatea oamenilor nu se vindecă este că îşi neagă durerea şi ruşinea şi îşi ascund umbra în spatele măştii, arătându-le celor din jur partea lor luminoasă şi ascunzând-o pe cea întunecată. Ca urmare, nu îşi recunosc sau nu îşi vindecă niciodată sentimentele de ruşine sau negativitatea. Nu îşi agreează sau nu îşi acceptă umbra. Sentimentele lor de frică şi de ruşine îi fac să-şi ţină masca pe chip şi să-şi ascundă umbra. Totuşi, în adâncul lor sunt nesiguri şi speriaţi. Pot avea un sentiment profund de nevrednicie, în privinţa căruia le este groază că va fi descoperit sau demascat.

În spatele fricii de demascare se găseşte convingerea că, dacă umbra lor ar fi văzută, vor fi umiliţi, respinşi sau chiar pedepsiţi. Această frică este atât de mare, încât unii oameni ar prefera să moară decât să le fie dezvăluite cele mai întunecate secrete.

Integrarea umbrei şi a măştii

Vindecarea cere ca în psihicul nostru să se producă reunirea dintre umbră şi mască, lumină şi întuneric, conştient şi subconştient. Acest lucru duce la întregire.

Nici umbra, nici masca nu spun întregul adevăr despre fiinţa noastră. Pentru a descoperi adevărul trebuie să integrezi în sufletul tău întunericul *şi* lumina. Aşa devii real. Te uiţi la calităţile şi la slăbiciunile tale. Îl vezi pe adultul încrezător, dar şi pe copilaşul înspăimântat. Reunind întunericul cu lumina, conştientul cu subconştientul, binele cu răul, începi să-ţi vindeci psihicul fragmentat.

Despărţirea psihicului în umbră şi *persona* creează un fel de schizofrenie sau ruptură în conştienţă, care este apoi proiectată în afară, asupra relaţiilor noastre. Vindecarea cere să ne reparăm acea ruptură din interior.

În momentul în care te împaci cu umbra ta, pacea din cadrul relaţiilor şi din lume devine o posibilitate reală. Întregirea lăuntrică – salvarea umbrei din întunericul subconştientului – devine, aşadar, condiţia necesară pentru vindecarea conştiinţei umane, la nivel individual şi colectiv.

A deschide cutia Pandorei

Întâlnirea cu umbra este ca și cum ai deschide cutia Pandorei. Tot felul de lucruri neaşteptate se revarsă în exterior. Reprezintă, de fapt, începutul coborârii în lumea de jos, pentru revendicarea şi recuperarea aspectelor respinse din fiinţa noastră. În acest proces, subconştientul devine conştient. Lumina este adusă în întuneric.

Această lucrare nu caută să scape de frică şi de ruşine – întrucât lucrurile cărora te împotriveşti persistă şi se intensifică –, ci caută să aducă frica şi ruşinea în conştientul nostru.

În momentul în care aduci lumină în întuneric, întunericul este iluminat. Când devii conştient de sentimentele tale de frică şi de ruşine, puterea lor distructivă este anulată. Când înveţi să priveşti cu compasiune aceste sentimente, începi să-l îmbrăţişezi pe copilaşul furios din interiorul tău, care simte că nu este iubit.

Odată ce ai conştienţă (lumină), poţi aduce compasiune (iubire). Asta îţi cere lucrarea: să aduci lumină şi iubire, conştienţă şi compasiune – mai întâi fiinţei tale, iar apoi celorlalţi.

A deveni conştient de umbră presupune curaj şi compasiune. Ai nevoie de curaj pentru a te uita la părţile din tine pe care nu le agreezi.

Ai nevoie şi de compasiune. Dacă nu, vei privi cu judecată – iar acest lucru îţi va adânci sentimentul de ruşine.

Obiectivul tău aici este de a privi fără să judeci. Pe măsură ce fricile şi judecăţile tale încep să iasă la suprafaţă, învaţă să fii blând cu ele şi să nu le crezi. Acceptă şi iubeşte toate aspectele nevindecate din conştiinţa ta. Înţelege că dincolo de toată negativitatea din psihicul tău se găseşte o rană ce trebuie vindecată şi află că faci deja primul pas spre a o vindeca. Observă când reacţionezi la ceea ce spun sau fac alţi oameni şi întreabă-te dacă nu cumva vezi în ei nişte trăsături întunecate pe care nu vrei să le accepţi la tine. Fii curajos, dar totodată blând cu tine însuţi şi cu ceilalţi.

Întrebări esenţiale

- Ce anume refuz să accept şi să iubesc la mine?
- Ce trăsături pozitive sau negative proiectez asupra altora, dar nu reuşesc să le văd în mine însumi?
- Care sunt cele mai mari temeri ale mele?
- Care este cea mai mare ruşine a mea (de pe vremea când eram copil, adolescent sau ca adult)?
- Care sunt cele mai grave judecăţi pe care le emit la adresa altora?
- Care sunt oamenii care mă fac mereu să am reacţii?
- Ce-mi arată aceşti oameni despre umbra mea?
- Ce trăsături întunecate am învăţat să iubesc şi să accept?
- Ce trăsături întunecate ies chiar acum la suprafaţă, pentru a fi integrate în fiinţa mea?

Pasul 3

Unește-te cu sinele tău esențial

OBIECTIV:

Găsește legătura cu iubirea din inima ta.

STRATEGIE:

Pătrunde în starea de liniște
și acceptă-ți viața așa cum este.

Dimensiunea spirituală a sinelui esenţial

Sinele esenţial este punctul de legătură dintre originea ta divină şi actuala încarnare umană. Este scânteia sau esenţa divină pe care o aduci în această întrupare. Valoarea şi demnitatea ta existenţială se află aici.

Sinele esenţial are legătură cu *a fi*, nu cu *a face*. Acesta este sediul păcii, locul de odihnă al iubirii universale din conştiinţa ta. Are numeroase denumiri şi este menţionat în multe tradiţii.

Sinele esenţial este etern, imuabil şi neschimbător. Unii spun că nu se naşte şi nu moare, întrucât există dincolo de vicisitudinile acestei lumi.

Lumina din spatele umbrei

Sinele esenţial este partea nevinovată din tine care se găseşte în spatele umbrei tale. Nu poate fi văzut dacă nu te uiţi cu iubire şi acceptare. Toţi avem un sine esenţial, dar puţini oameni au stabilit o legătură cu el. Asta deoarece n-au învăţat încă să se uite cu iubire şi acceptare.

Sinele esenţial este întreg şi desăvârşit. Nu-i lipseşte nimic. Nimic nu trebuie schimbat sau corectat la el. Sinele esenţial conţine toate darurile şi talentele tale, în potenţialul lor. Este ceea ce te caracterizează, esenţa cu care te naşti. Unirea cu sinele esenţial creează o cale de integrare a umbrei şi de readucere a psihicului la starea de întregire. Atunci când eşti conectat cu sinele esenţial, eşti conectat cu tot ceea ce este. Trăieşti într-o relaţie cu sursa sau cu puterea ta superioară.

Sinele esenţial trăieşte într-o stare a conştienţei unde nu există răni. Atunci când ne odihnim în sânul sinelui esenţial, ştim că suntem iubiţi şi că merităm să fim iubiţi. Nu avem niciun sentiment de nepotrivire sau de judecată de sine. Acesta este locul iubirii necondiţionate, unde simţim că suntem uniţi cu totul şi cu toate fiinţele din experienţa noastră. Simţim că avem o legătură binecuvântată cu tot ceea ce este.

Încă de la o vârstă fragedă pierdem acest sentiment al legăturii cu sinele esenţial. Atunci când nevoile noastre nu sunt satisfăcute, când suntem criticaţi sau judecaţi, credem că ceva este în neregulă cu noi. Simţim că suntem nepotriviţi, nevrednici, mai prejos decât ceilalţi. Aceasta este

„căderea din graţie" personală. Este momentul când nu mai suntem conştienţi de nevinovăţia noastră şi ne acoperim cu mantia fricii şi a ruşinii. Treptat, aceasta devine starea noastră de conştienţă „normală". Vibraţia noastră se încetineşte şi ne afundăm în drama lumii, unde ruşinea şi vina sunt lucruri obişnuite.

Pierdem din conştienţă legătura noastră cu tot ceea ce este, cu sursa iubirii. Avem momente când mai simţim vag această legătură, însă sunt foarte rare. Ne investim forţele în lume şi ne pierdem în strădania de a ne dovedi valoarea de sine. Ne petrecem viaţa încercând să scăpăm de suferinţă şi să demonstrăm că merităm să fim iubiţi. Cu toate acestea, suferinţa ne însoţeşte peste tot şi, oricât de multă iubire am primi, simţim că nu o merităm sau ne e teamă că o vom pierde.

Scopul tuturor practicilor spirituale este restabilirea legăturii cu sinele esenţial. Este o condiţie necesară pentru producerea unei adevărate vindecări. Copilul rănit nu se poate vindeca singur, fiindcă simte că este nevrednic şi fiindcă nu are iubire de oferit. Cineva trebuie să se conecteze la sursa iubirii din interior şi să-i aducă această iubire copilului. Acest cineva eşti tu. Tu eşti cel care îi aduce iubire experienţei tale. Dacă nu-ţi oferi iubire, nu te poţi vindeca. Nu poţi avea în această viaţă experienţa liniştii. Iată de ce acest pas este esenţial înainte să mergi mai departe. Trebuie să descoperi lumina din spatele umbrei. Trebuie să ieşi din sfera capului şi să pătrunzi în cea a inimii, astfel încât să te poţi conecta la sursa de iubire din interior.

Identificarea cu umbra

Poţi integra umbra doar atunci când aduci iubire şi lumină. Altfel, este posibil să te sperii de umbra ta şi să-ţi pui masca la loc sau să te identifici cu umbra şi să crezi că ești rău, întunecat și de neiertat. Atunci când îți vezi numai partea întunecată, uiți de partea luminoasă. Acest lucru se întâmplă când îți privești fără compasiune umbra. Așadar, obiectivul este să te uiți la umbră – să fii conștient de faptul că există aspecte subconștiente ce trebuie integrate – fără să te identifici cu ea. Altfel, este posibil să crezi că tu și ceilalți sunteți ființe rele. Este posibil să vezi numai diavoli și să-i pierzi din vedere pe îngeri.

Ca integrarea să aibă loc, întunericul și lumina trebuie acceptate în mod egal. Întunericul tinde către lumină, iar lumina penetrează întunericul. Frica tinde către iubire, iar iubirea alină și mângâie frica. Integrarea începe să se producă. Yin și yang, masculinul și femininul, superiorul și inferiorul, lumina și întunericul se întrepătrund. Acesta este un act de transformare spirituală, ce duce la o stare de acceptare și iubire de sine și de semeni necondiționată. Este un act care, mai presus de toate, aduce fericire.

Această lucrare ne cere să facem două lucruri foarte importante, dar aparent opuse. Ne cere să ieșim din starea de negare și să ne confruntăm cu umbra. Și ne cere să ne privim cu compasiune umbra, fără să ne identificăm cu ea. Atunci când ne putem uita cu compasiune la umbra noastră, când îi putem dărui iubire copilului rănit din interior, începe transformarea autentică. Energii vindecătoare sunt puse în mișcare și lucrează pentru a ne aduce întreaga conștiență la nivelul de vibrație al iubirii.

Sinele esențial și lucrarea cu copilul lăuntric

Sinele esențial reprezintă legătura energetică pe care o ai cu iubirea. Creează o legătură de la inimă la inimă între tine și ceilalți oameni. Atunci când acționezi din sinele esenţial, nu poţi judeca. Nu poţi gândi sau acţiona într-un mod care îţi dăunează ţie însuţi sau celorlalţi.

Lucrarea asupra umbrei nu poate fi făcută fără crearea unei legături strânse cu sinele esenţial şi cu sursa de iubire din interior. Este prea mare tendinţa de a te pierde în obiect şi de a uita să mai fii martorul plin de compasiune.

În momentul în care te uiţi la fricile tale şi începi să crezi în ele, le faci să fie reale. Devii exact acel lucru de care te temi. Iar aceasta este o realitate înspăimântătoare.

Pentru a-ţi păstra sănătatea mentală, trebuie să existe o distanţă între tine şi ceea ce vezi. Dacă nu, începi să crezi că ceea ce vezi te reprezintă sau îi reprezintă pe ceilalţi. Adevărul e că ceea ce vezi este văzut prin intermediul propriilor frici şi judecăţi - deci nu vezi ceea ce este. Vezi o imagine limitată sau distorsionată a realităţii.

Sarcina martorului este să privească fără să judece, să vadă şi să elibereze blocajele din calea iubirii, unul câte unul, pe măsură ce apar. Aşadar, pe măsură ce judecăţile apar, el le observă cu compasiune. Ştie că nu sunt adevărate şi de aceea nu încearcă să le păstreze sau să le justifice. Nu-l transformă pe cel pe care îl judecă într-o persoană rău intenţionată. Nici pe el însuşi nu se consideră rău intenţionat pentru că judecă. Îşi priveşte judecăţile fără să se identifice cu ele şi, astfel, nu le face să fie reale.

Martorul face un pas înapoi şi priveşte la conţinutul propriei conştiinţe. Vede cum judecăţile şi fricile lui colorează modul în care experimentează realitatea. Le vede ca pe o mare dramă, în realitatea căreia poate să creadă sau nu. Vede că, atunci când crede în realitatea ei, apar şi mai multe drame. Şi vede că, atunci când nu mai crede în ea, începe să perceapă totul cu mai multă claritate şi linişte.

Martorul se uită la conţinutul conştiinţei şi înlătură obstacolele din cale iubirii. Când inima lui se închide, îşi dă seama că muşchii i s-au contractat şi că frica iese la suprafaţă. Învaţă să respire profund şi să simtă acest sentiment, până când ajunge să-l stăpânească. Făcând asta, începe să coboare în inima sa. Începe să se afunde sub stratul conştienţei străbătut de frică. Trece dincolo de ruşine şi vină, într-un loc liniştit. Pe măsură ce înţelege că este în regulă aşa cum este el, începe să simtă energie în inima sa. Şi ceilalţi sunt bine aşa cum sunt. Viaţa poate fi acceptată exact aşa cum este ea în acest moment.

Cu cât acceptă mai mult, cu atât energia se intensifică mai mult în chakra inimii şi începe să se mişte prin tot corpul. Începe să simtă că energia iubirii este o prezenţă palpabilă, o vibraţie intensă, un fel de flacără arzătoare din inima lui, a cărei căldură se extinde până la mâini şi la picioare, până la gât şi la abdomen, până la chakra rădăcină şi la cea a coroanei. Treptat, iubirea îi străbate tot corpul şi este umplut de lumină şi de graţie divină.

Pe măsură ce înveţi să stai în linişte şi să te cufunzi în esenţa ta, în inima inimilor, îl întâlneşti pe Cel Nevinovat, Întreg şi Desăvârşit. Îl întâlneşti pe Acela care trăieşte în acceptare şi extaz. Acesta se află în interiorul tău. Este cine eşti cu adevărat atunci când laşi în urmă drama lumii.

Adevăr şi iluzie

Sinele esenţial este lumina din spatele umbrei. Atunci când ne privim cu compasiune umbra, ne dăm seama că totul este o iluzie. Este o construcţie clădită din ruşinea şi frica noastră. Nu este ceva real. Ceea ce este esenţialmente real se află în spatele ei.

Până acum, lumina a fost ascunsă în spatele umbrei. Dar în clipa în care ne întâlnim cu umbra fără frică, putem vedea lumina din spatele ei.

În spatele vinovăţiei se află nevinovăţia. Cea din urmă este reală. Prima nu este.

Vinovăţia apare doar atunci când pierzi din vedere faptul că eşti nevinovat şi crezi în povestea altuia despre cine eşti tu. Povestea nu este adevărată, nici pentru tine, nici pentru el. Dacă înţelegi asta, nu duci povestea mai departe. Spui „E o poveste interesantă, dar nu cred că este adevărată în cazul meu".

Vezi că umbra apare când credem într-un neadevăr despre noi sau ceilalţi. Nu este esenţialmente real. Dar pare real când majoritatea oamenilor îl cred şi acţionează în conformitate cu el.

De aceea este atât de greu să provoci realitatea dominantă a lumii, care perpetuează sentimentele de ruşine şi de vinovăţie. Pare a fi ceva real. O persoană răneşte o altă persoană, iar aceasta contraatacă. Fiecare îşi confirmă convingerile. Ciudat este că ne putem confirma convingerile fără a avea dreptate şi perpetuând o iluzie.

Fiecare dintre noi va avea o experienţă a acelei lumi care se potriveşte propriilor convingeri despre sine şi alţii. Această experienţă poate fi dureroasă, însă tot nu poate fi provocată uşor. Oamenii cred că „aşa stau lucrurile". Dar, în realitate, este numai modul în care „percep ei lucrurile".

Ceea ce percepe un om pentru el este „real". Este o percepţie cu care se identifică, pe care o acceptă ca adevăr şi normă după care îşi ghidează viaţa. Însă acel adevăr poate nu-l eliberează de suferinţă. Se poate să nu-l ajute să ducă o viaţă fericită şi împlinită. Poate fi chiar cauza principală a suferinţei lui. Dar, până când această suferinţă nu este copleşitoare, nu pune sub semnul întrebării ceea ce crede că este adevărat. Poate că nu ştie că are puterea de a se elibera, exact cum a avut puterea de a se trimite la închisoare.

Mai devreme sau mai târziu, durerea devine insuportabilă. Atunci este momentul când cădem în genunchi şi cerem ajutor. Atunci începem să ne punem întrebări despre presupunerile noastre şi suntem dispuşi să privim altfel lucrurile, astfel încât să facem alegeri diferite.

Sinele fals se va autodistruge, mai devreme sau mai târziu. Humpty Dumpty va cădea de pe zid şi se va sparge în mii de bucăţi. Lumea pe care am construit-o în frică şi ruşine se va sfărâma în momentul în care nu vom mai putea suporta durerea. Iar atunci totul se va schimba.

În momentul în care integrăm umbra, nimic nu mai poate sta în calea sinelui esenţial. Acesta străluceşte nestânjenit şi liber, luminând toate lumile şi nivelurile existenţei materializate. Nu există loc unde să nu ajungă lumina lui. Nu există loc care să nu poată fi atins de iubirea lui.

De aceea facem această lucrare – pentru a ne cufunda în esenţa noastră. Pentru a ne aduce întunericul la lumină şi pentru a deveni lumina ce suntem, pentru a merge înainte şi a ne îndeplini scopul creator, oferind lumii darurile noastre.

Sinele tău esenţial este nevinovat, întreg şi desăvârşit. Este esenţa ta. Este cel care străluceşte atunci când inima se deschide către iubire şi când ştii că tu şi toată lumea meritaţi să primiţi acceptare şi iubire.

Sinele esenţial, sinele fals şi sinele adevărat

Atunci când încerci să acţionezi fără a avea o legătură cu sinele esenţial, tot ceea ce creezi este alimentat de rănile lăuntrice. Orice efort de a acţiona fără această legătură este o greşeală. Duce la relaţii greşite, la un trai nesănătos şi la toate celelalte expresii ale trădării de sine. Acestea sunt activităţile sinelui fals.

Atunci când te întâlneşti şi te armonizezi cu sinele esenţial, tot ceea ce faci este în acord cu el. Ca urmare, ajungi să te respecţi pe tine însuţi şi pe ceilalţi. Acest lucru duce la acțiune justă, la trai just, la relații juste. Acestea sunt activitățile sinelui adevărat.

Sinele fals trădează sinele esențial. Sinele adevărat îl onorează. Se poate spune că, atunci când sinele esențial nu se află în lume, sinele adevărat este mijlocul său de expresie.

A-ți face timp pentru comuniunea cu sinele

Pentru a fi un purtător de lumină, trebuie să ai curajul de a intra în tunelul întunecat al rușinii și al durerii și să-ți revendici nevinovăția. Trebuie să înveți să fii blând cu fricile tale și să iubești toate părțile rănite din ființa ta. Practica ta cea mai importantă este de a-ți face timp, în fiecare zi, pentru a sta în liniște și a crea o legătură cu sinele esențial și cu prezența de iubire din inima ta. Creezi această legătură dacă renunți la judecăți, dacă îți accepți experiența de viață exact așa cum este ea și dacă simți recunoștință pentru toate darurile pe care le-ai primit.

Atunci când simți că ești unit cu iubirea, te cufunzi în esența ta și o cunoști în profunzime. Îți revendici nevinovăția și aduci iubire în toate locurile rănite din ființa ta. Abia atunci poți ieși din întuneric purtând lumina – mai întâi pentru tine însuți, apoi și pentru ceilalți.

Alegerea de a te uni cu sinele esențial și de a învăța să ai încredere în el este cea mai importantă decizie pe care o vei lua vreodată. Crearea de timp și spațiu pentru această legătură poate necesita o reordonare a priorităților din viață.

Întrebări esențiale

- Atunci când stabilesc o legătură cu sinele meu esențial, observ că rușinea și vina dispar și încep să văd nevinovăția tuturor?

- Care a fost cea mai profundă experienţă sau întâlnire cu sinele esenţial şi cum mi-a schimbat viaţa?
- Când m-am simţit cel mai rupt de sinele esenţial şi în dezacord cu adevărul fiinţei mele?
- În ce măsură caut răspunsuri în afara mea, în loc să caut lumina şi legătura cu iubirea din interior?
- Îmi fac timp în fiecare zi pentru a pătrunde într-o stare de linişte şi pentru a mă uni cu sinele meu esenţial?

Pasul 4
Asumă-ți judecățile

OBIECTIV:

Nu îți mai proiecta suferința asupra celorlalți.

STRATEGIE:

Învață să-i oferi iubire părții rănite din tine care îi judecă și îi critică pe ceilalți.

Judecăţile duc la atac

Judecăţile pe care le emitem la adresa noastră sau a celorlalţi duc în mod inevitabil la o formă sau alta de atac. Ele sunt începutul abuzului. Atunci când judecăm o altă persoană, încercăm să-i punem o etichetă care, de fapt, ne aparţine nouă. Dacă spunem că o altă persoană este leneşă, o facem, de obicei, pentru că noi înşine suntem leneşi sau ne este teamă să fim priviţi ca atare. Dacă lenea n-ar fi o problemă, dacă nu am fost criticaţi pentru asta de către părinţi sau alte autorităţi din viaţa noastră, dacă nu ne-ar fi ruşine de ea sau nu ne-am teme că am fi pedepsiţi din cauza ei, n-am avea o antenă care să detecteze lenea la ceilalţi. Vedem la alţii ceea ce ne este frică să vedem în noi înşine.

Astfel, în loc să ne simţim propriul sentiment de ruşine, îi înjosim pe ceilalţi. Spunem despre cumnatul nostru: „E un mare leneş. De trei ani de zile nu a mai avut o slujbă." Iar acest lucru poate fi adevărat, dar poate fi şi un adevăr despre noi. Credem că, dacă spunem că este problema lui, noi suntem în regulă. Este a lui, nu a noastră. Dar rezultatul e că ne amăgim numai pe noi înşine.

Dacă îl facem de ruşine sau dăm vina pe el, ruşinea noastră nu dispare. Doar o intensificăm. Putem ieşi din jocul învinuirii doar dacă ne vindecăm sentimentul de ruşine şi dacă încetăm să-i mai învinuim pe ceilalţi.

După ce o persoană o atacă pe alta, nu durează mult până când şi cealaltă atacă înapoi. În curând, cineva dă cu pumnul sau ridică un pistol. Înainte să-ţi dai seama ce se întâmplă, cineva este rănit sau ucis. Cuvintele se transformă în fapte. Frica devine atac. Ruşinea se transformă în umilire.

Toate acestea încep cu o singură judecată emisă de o persoană care nu simte că este iubită sau că merită să fie iubită. În loc să simtă că îi este ruşine şi să se vindece, încearcă să-l facă pe altul să-i fie ruşine. Îşi proiectează problema asupra colegului sau partenerului de viaţă.

Se ştie că infracţiunile domestice predomină în societate. Avem tendinţa de a-i ataca pe cei cu care ne petrecem timpul. Aceştia sunt cei care ne provoacă cele mai multe probleme, fiindcă ne sunt cei mai apropiaţi.

Iisus ne-a spus că trebuie să avem grijă şi de gândurile, nu numai de faptele noastre. Faptele încep sub formă de gânduri. Dacă nu aducem conştienţă şi vindecare cât timp ne aflăm în stadiul de gândire, va fi mai greu să facem asta după ce am acţionat.

De aceea, trebuie să fim cu toții vigilenți și să avem grijă ce gândim, înainte ca gândurile să fie transformate în cuvinte și cuvintele în acte. În această privință, asumarea judecăților devine primul pas în încheierea cercului vicios al violenței, oprindu-l acolo unde începe el: în inima și mintea noastră.

Asumarea judecăților noastre

La *Pasul 4* ți se cere să înțelegi că judecățile tale îți aparțin ție, nu altora. În loc să-ți proiectezi umbra asupra celorlalți, ți se cere să vezi suferința din spatele propriilor judecăți și să oferi iubire părților rănite din tine.

Prin asumarea responsabilității pentru judecățile emise, poți aduce corectură și iertare. Poți auzi și răspunde la chemarea copilului rănit din interiorul tău de a-i aduce iubire.

Obiectivul aici nu este să nu mai judeci – ar fi o așteptare nerealistă –, ci pur și simplu să fii conștient de judecățile care apar în mintea ta. Îți cerem să le vezi, să le corectezi și să le ierți.

Judecățile emise asupra altora îți arată care sunt adevăratele tale probleme legate de valoarea de sine. Atunci când îl judeci pe altul, proiectezi asupra sa un aspect din tine însuți. De aceea judecățile sunt despre tine, nu despre ceilalți. Judecățile emise la adresa altora îți oferă o șansă de a te uita la aspectele neiubite/neacceptate din tine și de a le da iubirea și acceptarea de care au nevoie. De aceea, recunoașterea judecăților poate reprezenta cheia către vindecarea rănilor personale.

Niciuna dintre judecățile tale nu sunt justificate. Toate sunt nejustificate și neadevărate. Efortul de a justifica judecățile este un exercițiu în care negi și refuzi să-ți asumi responsabilitatea pentru gândurile, cuvintele și acțiunile tale.

În momentul în care îţi recunoşti judecăţile (când înţelegi că se referă la tine, şi nu la alţii), încetezi să mai proiectezi. Conştienţa şi responsabilitatea pun capăt proiecţiei.

Atunci când îţi asumi judecăţile şi aduci acceptare şi iubire aspectului lăuntric nevindecat, începi să-ţi integrezi umbra. Faci paşi către unitate şi întregire.

Iertare şi rectificare

Iertarea presupune conştienţă şi îndreptare. Mai întâi îţi vezi şi îţi corectezi judecăţile şi abia apoi te ierţi pentru că le-ai emis. Rectificarea fiecărei judecăţi se face astfel: „Ştiu că acest lucru nu se referă la tine, ci la mine." Asta înseamnă să-ţi asumi judecata şi să ţi-o retragi. Apoi, întrebi: „Unde este rana din spatele acestei judecăţi? În ce fel îmi reflectă cealaltă persoană un aspect care mă face să sufăr?"

Dacă ai simţi chiar acum că eşti în siguranţă, nu ai mai judeca. E bine să întrebi: „Ce anume mă face să mă tem şi să nu fiu în siguranţă? Unde trebuie să-mi ofer singur iubire şi acceptare?"

Acest proces de acceptare, de corectare şi de iertare este esenţial dacă vrei să-ţi asumi responsabilitatea pentru gândurile, cuvintele şi actele tale. Întrucât toţi proiectăm, întrucât toţi judecăm, toţi trebuie să învăţăm să ne asumăm judecăţile, astfel încât să le putem corecta şi să ne iertăm pe noi înşine şi pe ceilalţi. Aceasta devine o practică zilnică, clipă de clipă.

A corecta şi a ierta înseamnă vindecare, ispăşire şi reunire cu sinele esenţial din noi înşine şi din ceilalţi. Asta înseamnă să fii cu adevărat responsabil pentru propriile gânduri, cuvinte şi fapte.

Proiecţia: efortul inutil de a scăpa de umbră

Judecăţile tale reprezintă calea prin care îţi proiectezi în mod inconştient umbra asupra celorlalţi. Deoarece nu vrei să-ţi priveşti umbra, încerci să scapi de ea, proiectând-o în exterior. Însă strategia aceasta nu este deloc eficientă. Oamenilor nu le place când sunt judecaţi. Nu-ţi acceptă judecăţile şi, de obicei, te judecă şi ei. Tu îi ataci, iar ei te atacă pe tine. Nu reuşeşti să scapi de judecata de sine. Nu faci decât să o exteriorizezi, astfel încât să o poţi privi mai bine.

În cele din urmă, ajungi faţă în faţă cu toată frica şi ruşinea pe care ţi le reflectă ceilalţi. Proiecţia este doar o mare oglindă, care îţi arată ce nu vrei să vezi. Cu alte cuvinte, nu poţi scăpa de umbra ta. Trebuie să te uiţi la ea. Trebuie să te întâlneşti cu rana ta.

Ataşamentul faţă de judecăţi

Niciuna dintre judecăţile tale nu este justificată. Acest lucru trebuie să fie înţeles şi acceptat. Dacă nu, vei trăi în negare. În momentul în care încerci să-ţi justifici judecăţile, te agăţi de ele. Doar atunci când conştientizezi că judecăţile tale nu sunt adevărate şi justificate poţi să te detaşezi de ele.

Ataşamentul faţă de judecăţi reîntăreşte în psihicul tău ruptura dintre *persona* şi umbră. Acest lucru înseamnă că nu ajungi să te vindeci şi să ai experienţa întregirii. Umbra rămâne neintegrată.

Asumarea responsabilităţii

Pasul 4 se referă doar la asumarea responsabilităţii pentru conţinuturile propriei conştienţe. Judecăţile tale îţi aparţin doar ţie. Ţi se cere să vezi şi să-ţi asumi judecăţile pe măsură ce apar, să vezi sentimentul de nevrednicie din spatele lor şi să-i oferi iubire copilului lăuntric.

Mai întâi, îi eliberezi pe ceilalţi de orice răspundere. Vezi judecata. Apoi, ţi-o asumi şi te abţii de la a o proiecta asupra altcuiva.

După aceea, te eliberezi pe tine. Îţi vezi judecata ca pe o chemare, ca pe o ocazie de a le oferi iubire părţilor rănite din tine însuţi.

Prin asumarea responsabilităţii pentru judecăţile emise, poţi aduce corecţie şi iertare. Poţi să auzi şi să răspunzi la chemarea copilului rănit din interiorul tău de a-i aduce iubire.

Practicarea Pasului 4

Observă judecăţile pe care le faci la adresa altor oameni. Mulţi oameni cred că judecăţile sunt negative şi că trebuie să le facem să dispară. Dar îţi pot spune, din experienţă, că această strategie nu dă rezultate. Dacă încerci să faci ca judecăţile să dispară, fie se vor intensifica, fie vor fi reprimate.

În momentul în care judecăţile sunt reprimate, ele ies din conştienţă. Nu înseamnă că nu mai judeci. Înseamnă doar că nu eşti conştient de judecăţile tale. Începi să mergi prin lume prefăcându-te că nu judeci, când, de fapt, întreţii sute de judecăţi.

Aşadar, respiră profund şi începe să te uiţi la conţinutul conştienţei tale. Să nu-ţi fie frică să vezi toate modurile în care te consideri „mai prejos" sau „mai presus" decât ceilalţi. Te asigur că nu eşti singurul care se simte astfel.

Cu cât îţi observi judecăţile cu mai multă atenţie, cu atât începi să vezi mai multe feţe ale judecăţilor din propria conştienţă. Mai întâi judeci, apoi îţi judeci judecata. Te învinuieşti că judeci şi, astfel, spirala descendentă a judecăţii se continuă. Trebuie să prinzi această spirală undeva. La un moment dat, trebuie să spui: „Bine. Văd că judec. Nu-i nimic. Nu-i mare lucru. Toţi facem asta. Treaba mea este să fiu conştient de judecăţile mele şi să am compasiune faţă de ele."

Dacă stărui cu acest proces de observare a judecăţilor, începi să te întrebi: „Ce se află în spatele acestei judecăţi?" În mod sigur vei descoperi că este o formă sau alta de ruşine sau frică din interiorul tău. Acum te apropii de rana ta. Este ceea ce trebuie vindecat. Nu trebuie să-ţi concentrezi atenţia asupra judecăţii – deoarece toate judecăţile despre tine şi ceilalţi nu sunt adevărate sau justificate –, ci asupra rănii care stă la baza judecăţii. Suferinţa este cea pe care încerci să o exteriorizezi şi să o proiectezi asupra celor din jur.

În spatele suferinţei şi disconfortului tău se află nevoia de a primi iubire şi acceptare. Poţi înţelege acest lucru şi îţi poţi oferi chiar acum o porţie de iubire. Acest lucru pune capăt judecăţii. Anulează-ți nevoia de a-ți proiecta asupra celorlalţi sentimentele de ruşine şi de nevrednicie. Și, astfel, reuşeşti să te confrunţi direct cu aceste sentimente.

Paşi de urmat pentru a-ţi asuma judecăţile

Iată paşii de urmat pentru asumarea judecăţilor:

1. Fii conştient de judecăţile tale.
2. Nu te învinui pentru că ai judecăţi.
3. Înţelege că judecata ta nu este reală şi nu poate fi justificată.
4. Asumă-ţi judecata. Înţelege că, în fond, se referă la tine, şi nu la cealaltă persoană.
5. Vezi că nici judecata despre tine nu este adevărată.
6. Observă sentimentele de frică sau de nevrednicie din spatele judecăţii.
7. Tratează-ţi frica prin iubire şi compasiune.

Dacă reuşeşti să treci prin tot acest proces, nu numai că vei deveni conştient de judecăţile tale, ci vei putea să le şi eliberezi. În acest proces, îţi vei aborda o parte din rănile din copilărie şi vei începe să te vindeci. Dar cel mai important este că vei începe să te ocupi de fricile tale într-un mod plin de iubire şi de compasiune. Aceasta este o practică spirituală fundamentală.

Întrebări esenţiale

- Care sunt cei trei oameni pe care îi judec cel mai mult şi în ce fel îi judec? (Exagerează-ţi judecăţile, dacă de asta este nevoie pentru a le formula mai clar.)
- Pe cine ridic pe un piedestal? Pe cine înjosesc? (Reţine că judecăţile pot fi pozitive sau negative. Îi poţi privi pe ceilalţi ca fiind mai presus sau mai prejos decât tine.)
- Cum pot să-i absolv de responsabilitate pe aceşti oameni, ca să înţeleg că problema este a mea, şi nu a lor?
- Uitându-mă la ceea ce proiectez (ce nu-mi place sau nu accept la ceilalţi), pot vedea că-mi sunt reflectate aspecte personale pe care nu le agreez sau nu le accept prea uşor?
- Pot să vad în spatele judecăţii şi să observ că sunt speriat şi nesigur?
- Pot vedea suferinţa şi disconfortul din spatele judecăţii şi pot să iau legătura cu copilul lăuntric, care are nevoie de consolarea şi de dragostea mea?

Trecerea la faza a doua: A aduce lumină şi iubire pe tărâmul umbrei

Pentru a trece cu succes la *a doua fază* din acest proces de vindecare, trebuie să înţelegi că tu eşti cel care aduce iubire în propria-i experienţă. Aceasta este sarcina şi responsabilitatea ta.

Nu te poţi baza pe altcineva ca să facă asta în locul tău. Tu trebuie să înveţi cum să te accepţi şi să te binecuvântezi. Dacă încerci să-ţi vindeci rana esenţială fără să fi stabilit înainte o legătură cu iubirea, vei da greş. Ar fi ca şi când ai intra într-o peşteră întunecată fără să-ţi fi luat cu tine ceva de luminat. Nu vei putea explora tărâmul umbrei dacă, pe măsură ce cobori în lumea de jos, nu aduci cu tine o lumină.

În pofida avertismentelor, unii oameni încearcă să pornească în călătorie înainte de a fi pregătiţi. Intră în lumea umbrei şi se blochează sau se pierd în ea. Dau vina pe ei înşişi şi pe ceilalţi. Îşi accentuează sentimentele de durere şi de ruşine. Nu-şi găsesc calea care să-i ducă mai departe, dar nici nu se pot întoarce înapoi. Simplu spus, rămân blocaţi în propria suferinţă. Nu pot trece prin ea. Este un lucru tragic şi, totodată, inutil.

Te rog să stabileşti o legătură solidă cu sursa iubirii din inima ta înainte de a încerca să-ţi investighezi rana şi ruşinea ce o înconjoară. Exersează recunoaşterea luminii din spatele umbrei. Exersează abordarea cu compasiune a judecăţilor tale. Învaţă să devii cel care-i aduce iubire propriei experienţe. Abia după aceea poţi intra în tunelul întunecat al suferinţei, purtând lumina conştienţei şi binecuvântarea iubirii.

Dacă nu-ţi este uşor să creezi o legătură cu iubirea, este posibil să nu fii pregătit să treci la *a doua fază* a acestei lucrări. Dedică-ţi un timp în care să înveţi cum să-ţi deschizi inima.

Alătură-te unui Grup de afinitate sau participă la un curs intensiv în prima fază a lucrării *Adevărata fericire*, astfel încât să primeşti sprijinul altor oameni pe măsură ce porneşti în călătoria de vindecare.

A doua fază
VINDECAREA

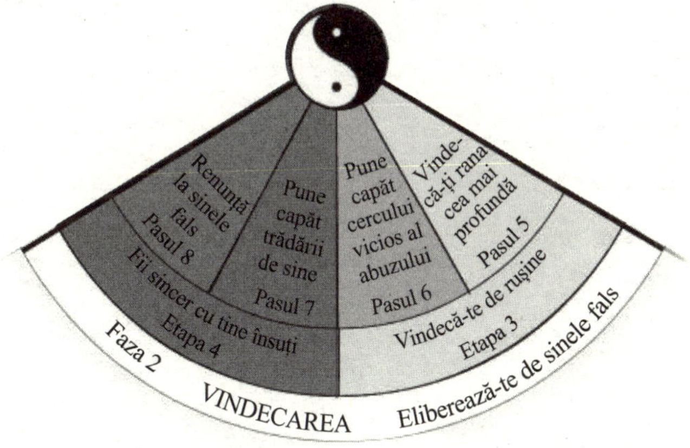

Pasul 5

Vindecă-ți rana cea mai profundă

OBIECTIV:

Identifică-ți rana primită de la părinți, convingerea cea mai profundă și tiparele de comportament reactiv.

STRATEGIE:

Intră în legătură cu copilul rănit din interior.

Rănile primite de la părinţi

Toţi avem câte o rană primită de la mama sau de la tatăl nostru. Mama ne-a rănit prin faptul că ne-a acordat prea multă sau prea puţină atenţie ori o atenţie care nu a fost potrivită. Rana provocată de tatăl nostru s-a produs în acelaşi mod.

Oamenii care au răni primite de la mamă întâmpină dificultăţi în a învăţa să se iubească şi să se accepte pe ei înşişi şi pe ceilalţi. Relaţiile sunt o provocare pentru ei şi le aduc majoritatea lecţiilor. Nu le este foarte uşor să aibă experienţa intimităţii.

Oamenilor cu răni primite de la tată le este greu să aibă succes în lume. De cele mai multe ori au probleme în carieră şi le este greu să se întreţină şi să-şi câştige existenţa. De obicei, le lipseşte încrederea în sine şi nu îşi dedică timp pentru a-şi dezvolta aptitudinile de care au nevoie pentru a obţine succes. O bună relaţie cu mama pregăteşte calea pentru succesul în relaţii. O bună relaţie cu tatăl pregăteşte calea pentru succesul în carieră.

Tipuri de răni profunde

Rana ta cea mai profundă poate fi o rană primită de la mamă, o rană primită de la tată sau o combinaţie între acestea două. De exemplu, abandonul este o rană profundă. Este posibil să te fi abandonat mama, tatăl sau ambii părinţi.

Abandonul se poate produce la nivel fizic sau la nivel mental/emoţional. Poate fi moartea sau boala unui părinte sau a ambilor părinţi, lipsa lor de disponibilitate din cauza divorţului, a serviciului militar activ, a dependenţei de droguri sau de alcool, a depresiei sau a altei afecţiuni psihice.

Trădarea este un alt tip de rană profundă. Trădarea are loc atunci când încrederea noastră este distrusă. Se întâmplă atunci când se produce o ambivalenţă sau o instabilitate bruscă în modul în care se poartă cu noi părinţii sau cei care ne îngrijesc. Se poate produce când moare un frate, iar părintele se rupe emoţional de copilul aflat încă în viaţă. Se poate întâmpla când adultul se închide la nivel emoţional, din cauza unei traume neaşteptate sau a unei boli fizice ori mentale. Se întâmplă atunci când părintele sau tutorele abuzează un copil (abuz fizic, sexual sau emoţional). Se produce atunci când are loc un incest sau alt tip de comportament nepotrivit între fraţi sau alţi membri ai familiei. Rana este exacerbată dacă părintele a ştiut despre abuz şi nu a făcut nimic pentru a-l proteja pe copil.

O altă rană este întemniţarea/privarea de libertate. Se produce atunci când părinţii îl controlează excesiv pe copil sau îi limitează libertatea. Şi lipsa de limite se poate transforma într-o rană. În acest caz, părinţii/tutorii nu-i acordă copilului o atenţie adecvată şi îi permit să aibă prea multă libertate sau responsabilitate. Atât protejarea exagerată, cât şi lipsa de protejare se pot transforma în răni.

Răpirea copilăriei este şi ea o rană. Acest lucru se întâmplă când părinţii se îmbolnăvesc sau nu sunt disponibili la nivel emoţional, iar copilul este forţat să joace rolul părintelui şi îşi asumă responsabilităţi de om adult înainte să se maturizeze. O altă rană des întâlnită este cea produsă în urma umilirii repetate, a criticii, a înjosirii şi învinuirii. Alte răni profunde se produc din cauza:

- cocoloşirii, răsfăţului, subestimărilor şi a protejării exagerate
- pericolului/lipsei de siguranţă (fizice sau emoţionale)
- învinuirii, preluării unei false responsabilităţi (pentru moartea sau boala unui părinte sau a unui frate)
- traumelor de la naştere, defectelor congenitale, a naşterii premature, a bolilor grave din copilărie
- faptului că nu ai fost dorit, „planificat“
- respingerii din partea unui părinte
- persecutării din partea fraţilor

Pe măsură ce citeşti lista, îţi pot apărea în minte şi alte răni. Nu trebuie să se afle pe această listă ca să fie o rană profundă. Fiecare ştie ce l-a făcut să sufere cel mai mult în copilărie. Ştii ce te-a făcut să temi sau să-ţi fie ruşine. Ştii în ce fel ai primit prea multă sau prea puţină atenţie din partea părinţilor, fraţilor sau a celor care te-au îngrijit. Încearcă să scrii în jurnal aceste lucruri. Vezi dacă te identifici cu rana ta cea mai profundă şi dacă înţelegi ce impact a avut asupra vieţii tale.

Convingeri fundamentale

Toate rănile profunde duc în mod direct la formarea unei convingeri fundamentale despre tine însuţi. De exemplu, dacă mama ta era bolnavă pe când aveai tu doar 7 ani şi ţi s-a cerut să o îngrijeşti, s-ar putea să-ţi formezi următoarele convingeri fundamentale:

- Ca să primesc iubire din partea celorlalţi, trebuie să am grijă de ei.
- Nevoile mele nu contează.

Pe de altă parte, dacă părinţii te-au obligat să ai rezultate bune la şcoală, în sport sau la concursuri de frumuseţe, poţi creşte cu una dintre următoarele convingeri:

- Sunt mai puternic, mai deştept şi mai atrăgător decât ceilalţi.
- Dacă nu sunt mai puternic, mai deştept şi mai atrăgător decât ceilalţi, nu voi fi iubit.

Convingerea fundamentală este creată din sentimentele de ruşine şi de nevrednicie ce însoţesc rana cea mai profundă. Din ambele exemple date mai sus, reiese următorul mesaj: „Nu sunt suficient de bun aşa cum sunt. Voi fi suficient de bun numai dacă mă comport aşa cum vor părinţii mei (ca o persoană care are grijă de ei, ca un copil cuminte, ca o prinţesă, ca un elev sau atlet deosebit de talentat)."

Toate convingerile fundamentale se pot reduce la credinţa generală că „Nu merit să fiu iubit" sau (o altă variantă a aceluiaşi lucru) „Trebuie să mă dau peste cap ca să merit iubirea celorlalţi".

Odată ce convingerea fundamentală este formată, o porți cu tine, în mod inconștient, de-a lungul vieții. Chiar și după ce pleci de acasă acționezi conform acestei convingeri. Dacă înveți să fii cel care are grijă de alții și ai convingerea că „Nevoile mele nu contează", este foarte probabil să te căsătorești cu cineva care va avea nevoie de îngrijire. Abia după ce îți vindeci rana și îți corectezi convingerea ce o însoțește poți să ajungi la concluzia că nevoile tale contează și să te străduiești să creezi o relație cu cineva care își poate purta singur de grijă.

Odată ce îți vindeci rana primită de la mamă sau de la tată, nu mai trebuie să te căsătorești cu o persoană care să le semene. Dar până când nu-ți vindeci rana, vei acționa ca și când „Nevoile mele nu contează" sau „Ca să fiu iubit, trebuie să am grijă de ceilalți" și te vei căsători de fiecare dată cu cineva care seamănă leit cu mama sau cu tatăl tău. De aceea, după ce divorțezi, te recăsătorești cu cineva care seamănă cu fostul soț sau cu fosta soție. Te căsătorești cu încă o versiune a lui „mami" sau a lui „tati", deoarece nu ți-ai vindecat rana și nu ți-ai schimbat convingerea fundamentală căreia i-a dat naștere.

Firește că există la fel de multe convingeri fundamentale pe câte răni profunde există. Iată câteva convingeri pe care s-ar putea să le recunoști:

- Nimic din ceea ce fac nu este suficient de bun.
- Eu am greșit. Este vina mea.
- Sunt un om rău sau imoral (dacă nu eram, nu aș fi fost bătut/abuzat sexual).
- Dacă cer să mi se dea ce am nevoie, voi fi abandonat.
- Dacă sunt puternic, nu voi fi iubit. Trebuie să încerc să nu mă dau mare și să stau la locul meu.
- Sunt un ratat. Nu voi face niciodată ceva important în viață.
- Sunt prost. Alții sunt mai deștepți decât mine.

- Ca să fiu iubit, trebuie să fiu mai deştept decât ceilalţi.
- Trebuie să fiu flexibil. Nu mă va iubi nimeni dacă sunt gras.
- Sunt slab sau bolnăvicios. Dacă mă vindec, nu mă va iubi nimeni.
- Lumea este un loc periculos. Dacă îmi asum vreun risc, voi fi rănit.
- Eu îi ajut pe ceilalţi, dar pe mine nu mă ajută nimeni.
- Nu mă descurc de unul singur. Trebuie ca cineva să facă lucrurile în locul meu.
- Trebuie să fac eu totul. Nimeni nu mă poate ajuta.
- Ideile/părerile mele nu contează.
- Atunci când am încredere în univers, primesc lovituri din toate părţile.
- Trebuie să fiu tăcut/invizibil. Dacă mă fac văzut sau auzit, voi fi respins.

Pe măsură ce parcurgi lista de mai sus, te poţi gândi la alte convingeri pe care ţi le-ai format de mic. Fă-ţi câteva notiţe în jurnal despre aceste convingeri. Este posibil să-ţi dirijeze viaţa la un nivel subconştient. Este foarte important să devii conştient de ele.

Tipare de comportament reactiv

Tiparul tău reactiv este declanşat, de obicei, de oamenii care îţi confirmă convingerea fundamentală pe care o ai despre tine însuţi. De exemplu, dacă eşti de părere că „Trebuie să fiu slab ca să primesc dragoste şi atenţie“, iar cineva îţi spune „Eşti cam plinuţ“, este foarte probabil să ai o reacţie negativă. Ruşinea de a avea prea multe kilograme în plus şi frica de a fi respins ies la suprafaţă. Crezi că trebuie să fii suplu ca să fii iubit şi, de aceea, în ochii tăi, cel care îţi spune că nu eşti te consideră urât şi dezagreabil, chiar dacă nu este ceea ce încerca să-ţi spună. Pe de altă parte, poate că acea persoană chiar te judecă, pentru că împărtăşeşte aceeaşi convingere fundamentală şi o proiectează asupra ta. Acest lucru se întâmplă foarte des.

Cu toate acestea, chiar dacă o proiectează asupra ta, nu este responsabilă pentru suferinţa cu care te confrunţi. O aveai deja în momentul în care v-aţi întâlnit. Judecata/abuzul acelui om nu face decât să-ţi dea ocazia să-ţi observi rana cea mai profundă şi convingerea fundamentală şi să începi să te vindeci.

Iată un alt exemplu. Să spunem că părinţii tăi sunt profesori universitari şi pun valoare pe logică şi pe inteligenţa emisferei stângi a creierului. Tu şi fratele tău aţi fost educaţi în ideea că nu veţi fi iubiţi şi acceptaţi dacă nu excelaţi în matematică sau în ştiinţe. Fratele tău se pricepe la aşa ceva. Tu, nu. Tu eşti bun la muzică şi arte plastice – lucruri pe care părinţii tăi nu pun preţ.

Prin urmare, fratele tău primeşte toate laudele şi aprecierile. Tu nu prea ai parte de înţelegere sau de susţinere. Talentele tale nu sunt încurajate. Astfel că începi să interiorizezi mesajul „Nu sunt deştept, ca fratele meu. Nu voi realiza prea multe în viaţă".

Ce faci cu convingerea fundamentală? Cum îţi conduce viaţa? Este posibil să renunţi foarte repede la tine însuţi şi să te subestimezi. Pe de altă parte, s-ar putea să încerci să sfidezi soarta şi să dai la o facultate de inginerie, în speranţa că le vei face pe plac părinţilor. Este posibil să nu-ţi placă deloc acolo, dar să te forţezi totuşi să continui, pentru că este singurul mod prin care poţi obţine aprobarea pe care ţi-o doreşti atât de mult.

Şi, dintr-odată, apare amicul tău Marc, care e un fel de geniu la matematică şi, în timp ce vă faceţi temele împreună, îţi spune: „Ştii ce, nu prea te pricepi la calcule... poate că ar trebui să faci altceva." El încearcă doar să te ajute, iar tu ştii că are dreptate, însă te laşi afectat de comentariul lui şi reacţionezi. Te superi pe el şi eviţi să-l mai vezi pe tot parcursul semestrului.

Să aruncăm o privire asupra rănii, asupra convingerii fundamentale şi asupra tiparului tău de reacţie, astfel încât să putem vedea imaginea de ansamblu.

- Rana ta: abandon mental şi emoţional, lipsă de încurajare şi de susţinere din partea părinţilor, mai ales din partea lui „tati".
- Convingerea ta: „Dacă nu sunt deştept (ca fratele meu), nu voi fi iubit. Fratele meu primeşte toată dragostea. E preferatul lui tata. Dacă îmi urmez inima şi îmi exprim talentele, nimeni nu mă va iubi."
- Comportamentul reactiv: Fugi/te ascunzi de Marc (fratele tău) când „face pe deşteptul" şi îţi declanşează convingerea fundamentală.

Trei tipuri de tipare de comportament reactiv

Există trei tipuri de tipare de comportament reactiv:

- Lupta: Îi ataci şi tu pe ceilalţi.
- Fuga: Fugi de ceilalţi.
- Ascunderea: Rămâi pe loc, dar te retragi/te închizi la nivel emoţional.

Acestea sunt modurile în care reacţionezi atunci când te simţi atacat. Poţi avea unul, două sau toate cele trei tipare. De obicei, copiezi tiparele pe care le-au avut şi părinţii.

Este important să afli ce tipare ai şi de unde le-ai învăţat. Fă-ţi timp să te gândeşti la acest lucru şi să scrii în jurnal. Este important.

De ce afirmațiile nu schimbă cu nimic convingerile fundamentale

Există mulți învățători New Age care sugerează că, dacă vrei, îți poți schimba convingerea fundamentală. Poți să te transformi dintr-un ratat într-un învingător, fie și numai dacă îți repeți de mai multe ori că „Sunt un învingător".

Nu vreau să spun că gândirea pozitivă nu este eficientă. Este – și te încurajez să fii cât mai pozitiv posibil. Însă multe dintre ideile New Age sunt unilaterale și nu duc la înțelegerea forței cu care umbra ne modelează viața. Este ignorat subconștientul – cel mai primitiv aspect al psihicului – și, de aceea, astfel de idei nu au putere de transformare. Nu sunt eficiente pentru a ne ajuta să ne vindecăm în profunzime și să ne punem iar viața pe roate.

Să spunem, spre exemplu, că ești o femeie care are convingerea conștientă „Sunt un copil al lui Dumnezeu" și că ți-o spui în repetate rânduri. În copilărie, tatăl tău te-a abuzat sexual, iar mai târziu ți-ai format convingerea că bărbații nu te vor iubi dacă nu te culci cu ei. Bineînțeles că strategia ta nu a funcționat și, de fiecare dată când ai fost părăsită de un bărbat, sentimentele tale de rușine și de umilire s-au adâncit.

Dacă ai spune sincer cum se simte fetița din interiorul tău – acea fetiță care nu s-a maturizat niciodată emoțional și care nu a căpătat încredere și respect de sine ca femeie adultă –, ți-ai da seama că mesajul ei n-ar fi „Sunt un copil al lui Dumnezeu". Ar spune mai curând „Sunt groaznică. Mă urăsc și nimeni nu mă va iubi vreodată". Și știi ceva? Ar spune adevărul. Așa se simte în realitate.

Poți să mergi prin lume purtându-ți masca spirituală prin care spui „Sunt un copil al lui Dumnezeu", însă acest lucru nu o va ajuta pe fetiță să se vindece. Nu o va ajuta să crească și să capete încrederea și respectul de care nevoie pentru a-şi crea o relaţie bună cu un bărbat. Nu va face decât să-i ridice mereu aşteptările şi să provoace şi mai multă suferinţă şi dezamăgire.

În momentul în care afirmaţia „Sunt un copil al lui Dumnezeu“ nu va da rezultate, te vei simţi ca un ratat. Ţi se vor accentua sentimentele de ruşine şi de nevrednicie şi vei continua să crezi că nu poţi face niciodată ceva aşa cum trebuie.

Atunci vei fi pregătit să laşi la o parte afirmaţia pentru un timp şi să te apuci de adevăratul proces de vindecare. Dacă nu-ţi identifici rana, convingerea fundamentală şi tiparul de comportament reactiv, nu te poţi vindeca în profunzime şi nu-ţi poţi asuma adevărata putere şi adevărata menire din această viaţă.

Tu eşti un copil al lui Dumnezeu. Acesta este adevărul. Dar ca să începi să crezi în acest adevăr, trebuie să te vindeci la nivel emoţional. Şi, dacă nu începi să-l crezi, din interior către exterior, pentru tine nu va fi un adevăr.

Răni ancestrale: a înţelege cercul vicios al abuzului

Este o realitate a vieţii că părinţii ne transmit rănile/convingerile/tiparele lor reactive, iar noi le transmitem copiilor noştri. Acest tipar se continuă până în momentul în care un membru al familiei devine conştient de rana lui şi o vindecă.

Ca adulţi, de cele mai multe ori ne căsătorim cu o persoană care semănă cu părintele care ne-a rănit cel mai mult. Dacă a fost mama, ne căsătorim cu „mama“. Dacă a fost tata, ne căsătorim cu „tata“. Astfel, primim încă o şansă de a ne vindeca rana căpătată fie de la mamă, fie de la tată.

Cu toate acestea, mai există o cale prin care poate fi transmisă această rană. Dacă avem o rană primită de la mamă, dar ne este prea frică de ea, ne căsătorim cu „tata“, pentru că el nu ne sperie atât de mult. În acest caz, ne transformăm în „mami“ care se căsătorește cu „tati“. La fel, dacă avem o rană de la tată, dar ne este prea frică de el, ne căsătorim cu „mama“. În acest caz, suntem „tati“ care se căsătorește cu „mami“.

Nu mai este nevoie să spun că toate aceste lucruri se petrec indiferent dacă „mama“ sau „tatăl“ cu care ne căsătorim este bărbat sau femeie. Uneori, o femeie se căsătorește cu un bărbat care este „mami“, iar un bărbat se căsătorește cu o femeie care este „tati“. Cu puțină introspecție, ne dăm seama ce rol joacă fiecare.

Dacă ești la vârsta la care poți avea copii sau nepoți, poți vedea cum aceste tipare se continuă în familia ta. Poți urmări de-a lungul generațiilor aceeași rană/convingere, același tipar de reacție.

Dar încearcă să nu analizezi acest proces. Scopul nostru aici este să ne vindecăm la nivel emoțional, nu să înțelegem aceste tipare dintr-un punct de vedere strict intelectual. Uneori, intelectualizarea acestor aspecte ne împiedică să le simțim și să le vindecăm. Așadar, iată un sfat pentru cei înțelepți: întâi vindecă, iar abia apoi studiază.

Întrebări esențiale

- Care este rana primită de la mamă?
- Care este rana primită de la tată?
- Am primit rana de la frații sau de la membrii familiei sau de la cineva din afara familiei?
- A fost rana mea provocată de o întâmplare precum un accident sau o boală gravă?

- Care este convingerea mea fundamentală? Ce judecăţi făcute la adresa mea am preluat în copilărie?
- Cine mi-a format convingerea fundamentală: mama, tata sau amândoi?
- În ce fel mi-a dirijat această convingere viaţa, la nivel subconştient? În ce fel mi-a influenţat principalele decizii/alegeri din viaţă?
- Care sunt tiparele mele de reacţie?
- Am învăţat să reacţionez aşa de la mama, de la tata sau de la amândoi?
- M-am căsătorit cu „mama“ sau cu „tata“?
- M-am transformat în „mami“ care s-a căsătorit cu „tati“ sau invers?
- S-a schimbat acest tipar de-a lungul căsătoriilor/relaţiilor mele?

Pasul 6

Pune capăt cercului vicios al abuzului

OBIECTIV:

Observă și pune capăt tiparelor de victimizare.

STRATEGIE:

Iartă-te pe tine însuți și pe ceilalți.

Victime şi torţionari

Pe măsură ce observi rănile pe care le-ai creat sau le-ai primit, este important să înţelegi modurile în care te-ai comportat fie ca victimă, fie ca torţionar. Cei mai mulţi dintre noi joacă, în unele momente, ambele roluri.

Mai mult, victimele au tendinţa de a deveni torţionari. De cele mai multe ori, cei care au fost agresaţi sau abuzaţi sexual în copilărie abuzează de propriii copii sau de copiii altora. Le facem celorlalţi ceea ce ni s-a făcut şi nouă. Dacă nu-l oprim, cercul vicios al abuzului nu se încheie niciodată. Trebuie să alegem întotdeauna să-l oprim aici şi acum.

Cum să pui capăt cercului vicios al abuzului

Pentru a pune capăt acestui cerc vicios, trebuie să-i iertăm pe cei care ne-au agresat şi pe noi înşine şi să refuzăm să mai jucăm rolul victimei sau al torţionarului. Acest lucru înseamnă că trebuie să învăţăm să-i iertăm pe părinţi pentru abuzurile lor şi să învăţăm să ne iertăm pe noi înşine fiindcă nu ne-am apărat, de ei sau de cei care ne-au agresat. Dacă am ajuns torţionari, trebuie să înţelegem că mai întâi am fost victime şi să aducem vindecare şi compasiune rănilor noastre. Apoi, trebuie să le cerem iertare şi înţelegere celor pe care i-am rănit – fie că sunt părinţii, fraţii, soţii sau copiii noştri. Iertarea este un proces care se derulează treptat şi care poate dura ani de zile. Nu poţi grăbi procesul, aşa cum nu te poţi forţa nici pe tine să ierţi înainte de a fi pregătit. Deşi a-i ierta pe ceilalţi şi a ne ierta pe noi înşine reprezintă cele două feţe ale aceleaşi monede, cel din urmă este, de obicei, cel mai dificil aspect al procesului.

Iertarea de sine poate avea loc şi dacă ceilalţi nu te iartă. Chiar dacă ceilalţi te iartă, este posibil ca tu să nu te ierţi. Ca regulă generală, capacitatea de a-i ierta pe ceilalţi depinde de disponibilitatea ta de a te ierta pe tine însuţi. Este adevărat şi că această capacitate de a te ierta depinde, într-o oarecare măsură, şi de disponibilitatea de a-i ierta pe cei din jur.

Şapte paşi ai procesului de iertare

Iată şapte paşi care te vor ajuta să ierţi. Te vor ajuta să te ocupi de toate posibilităţile. Dar ai răbdare cu procesul. Nu se încheie peste noapte. De cele mai multe ori, durează ani de zile. Uneori, trebuie să treacă generaţii întregi.

1. Acceptă ceea ce s-a întâmplat

Nu te poţi preface că nu s-a întâmplat. Nu te poţi întoarce în timp ca să schimbi ceva. Nu poţi modifica sau repara ceea ce s-a întâmplat. Trebuie doar să accepţi că face parte din viaţa ta. Durează un timp până când putem accepta.

2. Ai compasiune faţă de tine însuţi

Dacă ai fost victimizat, trebuie să încetezi să mai dai vina pe tine pentru ceea ce s-a întâmplat. Nu tu eşti de vină. Nu eşti un om rău, care nu merită să fie iubit. Nu eşti mizerabil, urât, plin de defecte. Chiar dacă eşti un torţionar, este foarte probabil să fi fost o victimă la un moment dat.

3. Iartă-te pe tine însuţi

Indiferent dacă eşti o victimă sau un torţionar, sau ambele, acest proces de iertare de sine poate dura mult timp. Poate să dureze o viaţă. Dar este foarte important. Trebuie să i te dedici cu totul dacă vrei să te vindeci cu adevărat.

4. Ai compasiune faţă de torţionar

Înţelege suferinţa celui care te-a rănit şi învaţă să-i trimiţi compasiune. Majoritatea agresorilor au fost cândva victime şi fac ceea ce li s-a făcut şi lor. Dar, mai întâi, este posibil să fie nevoie să-ţi exprimi furia faţă de acea persoană. Şi această etapă poate dura mult timp.

5. Iartă-l pe torţionar

În cele din urmă, va trebui să-l ierţi pe celălalt. Asta nu înseamnă că îi scuzi şi îi treci cu vederea comportamentul. Dar îţi dai seama că ceea ce face este o urmare a faptului că suferă sau că a fost abuzat. Îţi dai seama şi că, dacă nu îl ierţi, rămâi blocat în starea ta de supărare şi nu mai reuşeşti să mergi departe în viaţă.

6. Detaşează-te

După ce te-ai iertat pe tine însuţi şi pe celălalt, te poţi detaşa de identitatea de victimă. Nu mai vorbeşti şi nu te mai comporţi într-un mod care să le provoace milă celorlalţi sau care să-ţi accentueze convingerea că eşti rănit şi nu te poţi vindeca. Nu-l mai condamni pe agresor şi, la nivel emoţional, îi dai libertate acelei persoane.

7. Vindecă-ţi rana şi eliberează trecutul

După ce te detaşezi, rana începe să se vindece. În locul ei se formează o cicatrice. Îţi creşte alt strat de piele. Nu negi ceea ce s-a întâmplat, dar nici nu te mai laşi afectat. Nu te condamni pe tine sau pe celălalt. Înveţi orice lecţie poate fi învăţată din acea experienţă şi laşi totul în urmă.

Refuză să te mai comporţi ca o victimă sau ca un torţionar

Aşa cum am spus mai înainte, iertarea şi rectificarea merg mână în mână. În cele din urmă, nu există iertare fără rectificare. Nu poţi schimba un tipar negativ din viaţa ta dacă nu eşti dispus să faci ceea ce trebuie pentru a-l schimba.

Iertarea torţionarului reprezintă doar o parte a procesului de vindecare. Cealaltă parte este angajamentul de a lua atitudine şi de a le spune „nu“ celor care te agresează. Nu înseamnă că dai vina pe tine pentru ceea ce s-a întâmplat în trecut. Nici pe departe. Nu aveai cum să te aperi la vârsta de 3 ani, iar ca adult ai avut prea puţină putere în faţa altora. Însă poţi să-ţi iei apărarea acum.

Atunci când oamenii încearcă să-şi impună voinţa asupra ta, refuză să cooperezi. Spune-le că nu ai nevoie de sfatul lor sau să se amestece în viaţa ta. Spune-le că ţi-ai luat angajamentul de a-ţi lua propriile decizii. Dacă nu îţi oferă spaţiul de care ai nevoie, le poţi cere să plece sau poţi pleca tu de lângă ei. Nu mai trebuie să stai şi să suporţi.

Îţi vindeci tiparele de victimizare prin faptul că preiei controlul asupra propriei vieţi şi că stabileşti limite clare, sănătoase între tine şi ceilalţi. Ierţi ceea ce s-a întâmplat în trecut, dar iei hotărârea de a nu lăsa să se mai repete. Trebuie să lucrezi din ambele sensuri. Nu poţi face una fără alta.

Dacă tu eşti torţionarul, nu numai că trebuie să le ceri iertare celor pe care i-ai rănit, dar trebuie şi să refuzi să mai răneşti pe altcineva. Trebuie să accepţi limitele pe care ceilalţi încearcă să ţi le impună. Trebuie să nu mai încerci să-i controlezi şi să te amesteci în viaţa lor. Trebuie să înveţi să-ţi vezi de treaba ta şi să-ţi simţi propria suferinţă. Ai ajuns aşa pentru că ai avut un motiv... cineva, cândva, te-a agresat. Trebuie să simţi frica şi ruşinea acelui moment şi să-ţi vindeci rana, astfel încât să încetezi să-i mai agresezi pe alţii. Trebuie să pui capăt cercului vicios al violenţei acolo unde începe el: în inima şi în mintea ta.

Renunţă la ruşine şi la vinovăţie

Este mereu ispititor să dăm vina pe părinţii noştri, pe parteneri sau pe cei care ne-au provocat răni. Spunem că este vina lor. Îi scoatem din inima noastră. Simţim că suntem îndreptăţiţi să suferim. În unele cazuri, rana devine o medalie de onoare, pe care o purtăm cu mândrie. Ne ajută să-i facem pe ceilalţi să ne compătimească. Ne oferă atenţia pe care nu suntem siguri că am primi-o altfel.

Eu numesc acest lucru „a ne face o identitate din rana noastră“. Este o formă de ataşament faţă de rolul de victimă, care ne împiedică să ne vindecăm. Ne este teamă că, atunci când nu vom mai juca rolul victimei, ceilalţi nu ne vor mai acorda atenţie.

Nu este uşor să renunţi la o veche identitate. E aproape imposibil dacă, pentru păstrarea ei, primim o recompensă. De obicei, suntem dispuşi să renunţăm la o anumită identitate abia atunci când suferinţa este mai mare decât satisfacţia recompensei. În plus, ne-am obişnuit atât de mult să jucăm acest rol, încât nu suntem siguri că avem capacitatea sau puterea de a-i pune capăt. A le spune „nu" celor care vor să aibă grijă de noi şi a face propriile alegeri pot fi lucruri care să ne îngrozească. Este mai simplu să păstrezi status quo-ul. Astfel, nu mai trebuie să ieşim din zona noastră de confort şi nu riscăm să fim umiliţi.

Există două extreme disfuncţionale când vine vorba despre procesul de vindecare a copilului rănit. Una este că ne negăm rana sau anesteziem durerea din jurul ei. În acest caz, nu simţim durerea şi nu o putem vindeca. Cealaltă extremă este că ne ataşăm de rana noastră şi ne creăm o identitate din ea. Prin aceasta, devenim o victimă profesionistă, care prosperă prin retrăirea traumelor din trecut.

Niciuna dintre aceste extreme nu este de ajutor. N-ar trebui să vrem să negăm rana sau să ne ataşăm de ea. Ar trebui să o vedem, să o simţim şi să o vindecăm.

Învinuirea părinţilor ne face să rămânem blocaţi la starea de victimă. Poate fi ceva ce se întâmplă în primele etape ale călătoriei noastre de vindecare, când începem să simţim suferinţa rănii pentru prima oară. Putem avea sentimente de mânie – chiar de furie – de existenţa cărora nu ştiam nimic. Însă aceasta este *prima fază* a acestei lucrări. Nu trecem la *a doua fază* dacă nu încetăm să mai dăm vina pe ceilalţi şi dacă nu ne asumăm responsabilitatea pentru propria vindecare.

A ne asuma responsabilitatea pentru propria vindecare

Dacă vrem să ne vindecăm cea mai profundă rană, nu ne mai permitem să facem jocul învinuirii sau să fim victime permanente. Trebuie să ne asumăm responsabilitatea pentru rana noastră. Ne aparţine nouă, cel puţin deocamdată. Iar noi suntem singurii care o pot vindeca.

Acest lucru înseamnă că trebuie să ne dedicăm procesului de iertare de sine şi de iertare a celorlalţi, care va dura ani de zile. Nu trebuie să lăsăm acest lucru să ne descurajeze. Doar pentru că o călătorie este lungă nu înseamnă că nu ne putem atinge obiectivul.

Cu toate acestea, nu ne vom atinge obiectivul dacă ne lăsăm copleşiţi de dimensiunile sarcinii noastre. Călătoria de o mie de kilometri începe cu primul pas. Învăţăm să fim blânzi cu noi înşine şi cu ceilalţi. Facem câte un pas pe rând. Îi dăm fiecărei zile atenţia cuvenită. Treptat, vedem că am avansat. Când ne uităm în urmă, abia dacă mai vedem locul de unde am pornit.

Acum ne aflăm în mijlocul deşertului. Nu ne mai putem întoarce înapoi. Acum ştim că ne-am luat angajamentul de a ne vindeca, oricât de mult ar dura acest lucru.

A-i da iubire copilului lăuntric

Majoritatea dintre noi nu ne dăm seama că în interiorul nostru se află un copilaş speriat, care ne dirijează viaţa. Adică, nu ne dăm seama până când copilul nu o ia razna. Apoi, noi şi restul oamenilor din viaţa noastră nu facem decât să-l băgăm în seamă. Dacă vrem să ne vindecăm rana, trebuie să nu ne mai abandonăm aspectul de umbră din noi înşine. Trebuie să-l luăm în braţe pe acel copil respins şi să învăţăm să-l iubim. Toţi trebuie să trecem printr-un proces de vindecare, unde să învăţăm cum să-l iubim pe acest copilaş speriat din interior şi cum să ne revendicăm nevinovăţia.

Este posibil ca mama sau tatăl nostru să ne fi abandonat sau să fi creat condiţiile acestei situaţii. Dar, în cele din urmă, noi suntem cei care se abandonează singuri. Şi trebuie să ne oprim. Trebuie să începem să avem grijă de copilul lăuntric. Trebuie să devenim mama şi tatăl pe care nu i-a avut niciodată.

În acest proces, ne transformăm din persoana care este rănită în cea care aduce acceptare şi iubire. Copilul rănit din interior nu ştie cum să aducă iubire. Ani de zile am fost şi noi atât de speriaţi de el, încât n-am ştiut cum să aducem iubire. Astfel că strigătele copilului rănit au fost ignorate. Am auzit plânsul din întuneric, dar nu i-am putut răspunde. Am auzit strigătul de ajutor, dar nu i-am putut răspunde.

Dar acum auzim acea chemare şi ştim că suntem singurii care îi pot răspunde. Ştim că suntem cei care aduc iubire în propria experienţă. Avem compasiune faţă dc suferinţa copilului lăuntric. Îi simţim durerea, furia, tristeţea. Nu ne mai temem de ţipetele sau de plânsetele lui. Ne ducem la el şi-l luăm în braţe. „Sunt aici", îi spunem. „Sunt cu tine acum şi nu te voi părăsi. Nu te voi mai abandona."

Adultul spiritual şi copilul rănit ajung faţă în faţă şi se unesc în spiritul acceptării şi al iubirii. Copilul începe să se simtă în siguranţă, să se vindece şi să-şi deschidă aripile. Adultul spiritual fixează limite între el şi alţi oameni şi creează un spaţiu de siguranţă, unde copilul poate căpăta încredere şi putere.

Copilul primeşte un alt părinte şi începe să simtă că merită să primească iubire. Copilul Christos şi copilul rănit devin unul şi acelaşi în staulul inimilor noastre. Pe măsură ce copilul se vindecă, umbra este integrată, iar lumina din spatele umbrei începe să strălucească. Se naşte sinele adevărat.

Din cenușa focului distrugător apare Phoenix și își întinde aripile. Ceea ce a murit a renăscut. Dacă asculți cu atenție, poți auzi cum dansează îngerii în Ceruri.

Întrebări esențiale

- I-am iertat pe părinții mei?
- Ei m-au iertat pe mine?
- Mi-am iertat frații?
- Ei m-au iertat pe mine?
- Mi-am iertat partenerul de viață?
- M-a iertat și el pe mine?
- Mi-am iertat copiii?
- Ei m-au iertat pe mine?
- Refuz să iert pe cineva?
- Care este persoana pe care am rănit-o cel mai mult? Mi-am cerut iertare și am încercat să îndrept lucrurile?
- Care este cel mai mare lucru pe care l-am iertat la altcineva?
- M-am iertat pe mine însumi?
- Care este cel mai mare lucru pe care l-am iertat la mine?
- În ce fel m-am comportat ca o victimă?
- În ce fel m-am comportat ca un torționar?
- Dacă sunt o victimă, mi-am luat oare puterea înapoi și am fixat limite sănătoase între mine și ceilalți?
- Sunt atașat de identitatea de victimă?
- Dacă sunt un torționar, am încetat oare să mai încalc limitele impuse de ceilalți și am început să mă întreb de ce sufăr?
- Am încetat să mai dau vina pe ceilalți și am început, oare, să-mi asum responsabilitatea pentru propria vindecare?

Pasul 7

Pune capăt tiparelor de trădare de sine

OBIECTIV:

Ai curajul de a fi tu însuți.

STRATEGIE:

Ia-ți puterea înapoi.

Tipare de dominare, de supunere, de agresivitate pasivă şi de evadare

Tiparul tău de comportament reactiv este legat de starea energetică pe care o ai. În cadrul relaţiilor, ai tendinţa de a fi ori dominator, ori supus. Fie ai tendinţa de a-ţi ceda puterea şi de a le permite celorlalţi să ia decizii în locul tău, fie vrei să deţii controlul şi să iei tu decizi în locul celorlalţi.

Starea ta energetică creează condiţiile pentru modul în care îţi structurezi relaţiile, acasă şi la locul de muncă.

Îţi poate limita gradul de libertate de creaţie pe care îl ai în viaţă. Există patru tipare energetice de bază: dominant, supus, pasiv-agresiv şi evaziv/retras.

Dacă ai un tipar energetic *dominant*, manifeşti tendinţa să iei decizii în locul altora şi să controlezi. În general, atragi un partener supus. Dacă ai un tipar energetic *supus*, manifeşti tendinţa să-i laşi pe alţii să hotărască în locul tău. În general, atragi un partener dominant.

Dacă ai un tipar energetic *pasiv-agresiv*, dai impresia că te supui altora, însă, în secret, ataci. De obicei, atragi un partener dominant sau unul pasiv-agresiv, ca tine. Dacă ai un tipar *evaziv/retras*, vei evita angajamentul şi intimitatea. În general, atragi un partener care nu este disponibil.

Ţi-ar fi de folos să-ţi compari tiparul energetic cu cel al părinţilor tăi. De obicei, îl copiem pe unul dintre părinţi şi atragem un partener care seamănă cu celălalt părinte.

Este important să-ţi înţelegi tiparul energetic şi să cunoşti tipul de persoană pe care îl atragi în câmpul tău energetic. Singurul mod prin care poţi atrage un alt tip de partener este prin a-ţi schimba propriul tipar energetic.

Tipare de mulţumire a celorlalţi oameni

Unii oameni au un tipar de a încerca să le facă pe plac părinţilor şi altor autorităţi din viaţa lor. Caută în permanenţă aprobare şi validare din partea celorlalţi. Încearcă să trăiască aşa cum şi-ar dori alţii. Acest lucru îi împiedică să se maturizeze, să se individualizeze şi să trăiască o viaţă în care fac propriile alegeri.

Chiar şi după ce pleacă de acasă, continuă acest tipar, căutând să primească aprobare din partea partenerului de viaţă, cedându-i puterea. Relaţiile lor devin co-dependente.

Îşi cedează puterea, iar partenerul acceptă să preia controlul şi să ia decizii în locul lor.

Nu poţi avea o relaţie de egalitate cu cineva de care ai grijă sau care are grijă de tine. Acest lucru presupune din start o inegalitate. Una dintre persoane îşi asumă prea multă responsabilitate, iar cealaltă nu-şi asumă suficientă.

Atunci când îi iei puterea cuiva şi accepţi să-l protejezi şi să iei decizii în locul său, intri într-o relaţie parentală cu acesta. Devii părintele, iar persoana respectivă devine copilul. Acest gen de „contracte" re-creează şi repun în circulaţie rănile familiei de origine.

Următoarele demersuri te vor ajuta să te eliberezi de aceste tipare nesănătoase.

- Nu mai încerca să le faci altora pe plac sau să le obţii aprobarea.
- Stabileşte limite cu părinţii şi cu alte personaje autoritare ce încearcă să te controleze, să te salveze sau să-ţi conducă viaţa.
- Ia-ţi apărarea şi disociază-te de oamenii care te critică şi care nu te tratează cu respect sau nu se poartă frumos şi corect cu tine.
- Încetează să mai fii un fel de părinte, care încearcă să-i influenţeze, să-i controleze, să-i salveze, să-i critice sau să-i corecteze pe ceilalţi.
- Înţelege că îţi cedezi puterea ori de câte ori iei decizii în locul celorlalţi. Îţi asumi o falsă responsabilitate, care nu îţi aparţine. Acest lucru nu te lasă, de obicei, să fii cu adevărat responsabil în viaţa ta.
- Fă-ţi propriile alegeri şi fii responsabil pentru ele. Îngăduie-le şi celorlalţi să facă la fel.
- Învaţă să stabileşti limite sănătoase cu ceilalţi.
- Admite că trebuie să accepţi limitele pe care ţi le impun ceilalţi.

- Fă cea mai bună alegere cu putinţă şi asumă-ţi răspunderea pentru ea.
- Tratează-te cu compasiune. Recunoaşte-ţi greşelile şi învaţă din ele.
- Înţelege că nicio alegere nu este perfectă şi că toate alegerile aduc cu sine o lecţie de învăţat.

Acestea nu sunt lucruri pe care le vei realiza peste noapte, dar sunt esenţiale dacă vrei să nu-ţi mai cedezi puterea sau să-ţi însuşeşti puterea altora. Tiparele de inegalitate – dominant/supus, victimă/torţionar, stăpân/sclav, masochist/sadic – sunt agresive pentru toate persoanele implicate şi ne împiedică să ne preluăm adevărata putere şi menire în viaţă.

Arhetipuri de trădare de sine

Rana cea mai profundă, convingerea fundamentală şi tiparul de comportament reactiv formează un sine fals, creat să te ajute să faci faţă durerii provocate de rană şi să găseşti iubirea şi acceptarea pe care ţi le doreşti. Sinele fals reprezintă modul în care te trădezi pe tine însuţi pentru a-ţi satisface nevoile.

Tiparul personal de trădare de sine se cristalizează, adesea, într-un arhetip sau o subpersonalitate. De exemplu, să spunem că rana ta este *abandonul*, deoarece mama ta a fost foarte bolnavă când erai mic şi n-a putut să aibă grijă de tine. Ţi-ai creat arhetipul de „Îngrijitor", deoarece ţi-ai format convingerea fundamentală „Nevoile mele nu contează" şi tiparul reactiv de a sta lângă cineva şi de a te închide la nivel emoţional. În calitate de Îngrijitor, crezi că poţi obţine iubire şi acceptare numai dacă îţi negi nevoile şi dacă ai grijă de nevoile altora. Aşadar, acesta devine modul tău de a fi, nu doar cu mama ta, ci în toate relaţiile apropiate.

Pe de altă parte, să spunem că mama te ignoră pentru că are o slujbă solicitantă şi încă alţi cinci copii de îngrijit. Trebuie să găseşti un mod prin care să-i atragi atenţia, astfel că te transformi într-un „Băiat rău" sau într-un „Terorist". Îţi dezvolţi convingerea fundamentală „Dacă nu fac probleme, n-o să mă remarce nimeni" şi tiparul reactiv „Stai şi luptă". Arhetipul Băiatului rău îţi convine pentru că, de fiecare dată când îl baţi pe unul dintre fraţii tăi sau faci probleme la şcoală, îi atragi atenţia mamei tale. Dat fiind că atenţia negativă este mai bună decât nimic, înveţi cu timpul că furia mamei este preţul pe care trebuie să-l plăteşti pentru a primi iubire.

Apărătorul, Victima şi Maestrul în evadare

Fiecare dintre cele trei tipare de comportament reactiv – fugi, luptă, stai şi închide-te la nivel emoţional – are asociat câte un arhetip. Iată câteva care să fie luate în considerare:

– **Arhetipul Apărătorului** caută să-l protejeze pe copil. Are legătură cu tiparul reactiv de *stai şi luptă*. Printre exemple se numără Teroristul, Afurisita, Băiatul rău/Fata rea, Generalul, Luptătorul şi Judecătorul/Criticul. De obicei, Apărătorii au un comportament dominant, controlator. Îşi exteriorizează furia.

– **Arhetipul Victimei** este efortul de a prelua responsabilităţi de adult, încă de la o vârstă fragedă, pentru a obţine acceptarea şi iubirea părinţilor sau fraţilor. Are legătură cu tiparul reactiv de *stai şi închide-te*. Printre exemple se numără Îngrijitorul, Dependentul de muncă, Asistenta medicală, Martirul, Sclavul, Prostituata, Băiatul bun/Fata bună şi Clovnul. De obicei, Victimele au un comportament supus sau pasiv-agresiv. Îşi interiorizează furia.

– Prin **Arhetipul Evadatorului** se încearcă evitarea conflictului şi a responsabilităţii. Are legătură cu tiparul reactiv de *retragere/fugă*. Printre exemple se numără Copilul sălbatic, Fricosul, Artistul, Pustnicul, Copilul magic, Don Juan şi Femeia fatală. Evadatorii au un comportament de izolare, deconectare, evitare. De obicei, îşi interiorizează furia până când, fiind provocaţi, o exprimă şi pleacă de la locul faptei.

Aceste arhetipuri sunt detaliate în *a doua fază* a *workshopului Adevărata fericire*. Pentru mai multe informaţii, consultă *Ghidul participantului* şi *Manualul facilitatorului*.

Copii protejaţi în exces şi copii neglijaţi

Există două motive principale din cauza cărora copilul nu se transformă, la maturitate, într-un adult cu drepturi depline. Unul e că părinţii sunt extrem de protectivi şi copilul este controlat şi copleşit. Celălalt este că părinţii sunt neglijenţi, iar copilul primeşte prea multă libertate şi prea puţin sprijin.

Copilul protejat în exces primeşte prea multe limite şi nu ajunge niciodată să aibă încredere în sine, să fie descurcăreţ sau independent. Părintele îi transmite copilului mesajul subtil, sau nu atât de subtil, „Nu te descurci". Copilul este recompensat pentru faptul că rămâne mic şi slab. Mai târziu în viaţă, îşi va asuma foarte greu răspunderea pentru el însuşi. Este posibil să nu poată păstra nicio slujbă, să-și continue studiile sau să-şi întemeieze o familie.

De exemplu, *Băiatul bun/Fata bună* face ce vor părinţii săi. Primeşte nişte reguli stricte. Rănirea, în acest caz, se produce deoarece limitele nu sunt reduse odată cu creşterea copilului, iar acestuia îi este foarte greu să se desprindă de controlul parental, pentru a deveni un om independent.

Pe de altă parte, şi copilul neglijat poate întâmpina dificultăţi în a-şi păstra slujba, a merge la facultate sau a-şi întemeia o familie. Iese în lume cu o falsă încredere în sine, fără suficiente aptitudini sau pregătire, şi are parte, în mod inevitabil, de eşec. Nu este vina lui, dar nu poate să nu tragă concluzia că „Ceva nu este în regulă cu mine... Nu mă descurc".

Spre exemplu, *Băiatul rău/Fata rea* se împotriveşte oricărui tip de control sau de dominaţie. Învaţă să urle, să lovească, să facă crize de temperament sau să fugă. Are probleme de disciplină şi, adeseori, este un motiv de ruşine pentru părinţi. Deşi sfidează personajele autoritare din viaţa sa, nu are o încredere reală în sine, ci mai mult un fel de bravadă, de tupeu, născut din faptul că i s-a permis să acţioneze fără limite sau grijă pentru consecinţe.

Asemenea *Băiatului rău/Fetei rele,* şi *Copilul sălbatic* este neglijat. Este abandonat sau ignorat de către părinţi şi nu primeşte limite, reguli sau supraveghere. Este lăsat să-şi poarte singur de grijă, întrucât părinţii nu fac asta pentru el. Părinţii lui sunt nesiguri şi le lipseşte încrederea în ei înşişi. Nu-şi impun autoritatea ca părinţi. Copilului i se permite să facă ce vrea el. Întrucât a primit o libertate ca cea a unui adult, fără disciplină, limite sau aşteptări din partea părinţilor, *Copilul sălbatic* devine egoist, arogant şi antisocial.

Atât copiii prea ocrotiţi, cât şi cei neglijaţi pot fi grav răniţi. De obicei, în încercarea de a evita tipul de mediu pe care l-au avut în anii de formare, cu copiii lor aleg să aplice tiparul opus. Copiii prea ocrotiţi le dau prea multă libertate copiilor lor, iar cei neglijaţi sunt, de obicei, foarte autoritari.

Ce experienţă ai avut tu în copilărie?

Ce fel de părinte eşti?

Subpersonalităţi ale sinelui fals

Toate subpersonalităţile ce compromit sinele fals sunt create de rănile lăuntrice şi de sentimentele de ruşine şi de frică. Aceste subpersonalităţi te blochează la rolurile limitatoare ce te separă de ceilalţi în mod arbitrar sau te împovărează cu responsabilităţi necorespunzătoare, care nu te lasă să te dezvolţi şi să ajungi să-ţi preiei puterea.

Toate subpersonalităţile sunt structuri psihologice/ energetice care te fac să-ţi abandonezi şi să-ţi trădezi sinele esenţial. Toate duc la relaţii disfuncţionale, co-dependente, care menţin viu cercul vicios al abuzului.

Atâta vreme cât acţionează aceste arhetipuri de trădare de sine, te vei comporta ca o victimă sau ca un torţionar. Vei fi o persoană care joacă rolul dominant, rolul supus, rolul pasiv-agresiv sau cel evaziv. Chiar dacă aceste roluri sunt adoptate ca strategii de supravieţuire, în cele urmă, nu te vor mai satisface. În final, vei ajunge să înţelegi că trădarea de sine este un preţ prea mare de plătit pentru supravieţuire.

Până când nu ai această înţelegere, sinele fals rămâne pe loc, alături de toate arhetipurile sale de trădare de sine. Dar, într-o zi, durerea psihică a trădării de sine se intensifică. Oboseşti să mai încerci să fii pe placul altora. Renunţi la slujbă şi/sau părăseşti relaţia în care ţi-ai cedat toată puterea sau în care a-i încercat să-l controlezi pe celălalt. Refuzi să faci un pas mai departe, jucând rolul victimei sau al torţionarului.

Unii oameni fac alegerea conştientă de a-şi modifica viaţa, pe când alţii, pentru a nu se mai trăda pe ei înşişi, au nevoie de puţin ajutor din partea Universului. Atunci când nu putem lua taurul de coarne, acesta ne poate doborî – lucru care s-ar putea să nu fie atât de plăcut. Dintr-odată, slujbele şi căsniciile se pot încheia. Pot apărea tot felul de probleme de sănătate neaşteptate. Se pot produce accidente. De obicei, se întâmplă ceva ce ne atrage atenţia şi ne spune, mai presus de orice îndoială, că trebuie să ne schimbăm felul de a fi.

A-ţi lua puterea înapoi

Ca să-ţi poţi lua puterea înapoi, trebuie ca mai întâi să vezi cum ai ajuns să o cedezi. Îţi dai libertatea pentru a obţine siguranţă? Îi laşi pe ceilalţi să ia decizii în locul tău, pentru că îţi lipseşte încrederea în tine sau pentru că ţi-e frică să greşeşti? Descoperi că, adesea, joci un rol supus în relaţiile apropiate? Îţi displace schimbarea şi eviţi să-ţi asumi riscuri? În ce fel te ţii pe loc sau depinzi de alţii?

Invers, eşti cumva un „îngrijitor", o persoană căreia îi place să-şi asume responsabilitatea şi să ia decizii pentru ceilalţi? Te implici într-un mod nepotrivit în vieţile altor oameni? Te amesteci în vieţile celorlalţi şi încerci să-i controlezi? Ignori graniţe şi întreci limitele pe care alţii au încercat să ţi le impună? Îţi impui ideile şi valorile asupra celorlalţi? Joci adesea un rol dominant în relaţiile tale apropiate? Sau eşti un maestru al evadărilor, care refuză să controleze ori să fie controlat? Eşti atât de sensibil la cuvintele şi la acţiunile altora încât la primul semn de luptă sau de discordie ai şi luat-o la fugă? Îţi este teamă să te apropii de alţi oameni? Îţi vine greu să-ţi iei angajamente? În momentul în care se încheie o relaţie, eşti cumva primul care îşi face bagajul şi pleacă?

Care sunt tiparele de comportament ce se repetă în viaţa ta? De ce anume te temi? Ce încerci să eviţi? Ce te face să-ţi ieşi din fire şi să-ţi pună în mişcare tiparul reactiv?

Nu e uşor să priveşti toate aceste lucruri, dar este esenţial dacă vrei să începi să nu-ţi mai cedezi puterea şi să înveţi să ai încredere în tine însuţi şi în ceilalţi. Toţi ne cedăm puterea personală sau ne-o însuşim, în mod nepotrivit, pe a altora. Toţi avem probleme de încredere. Nu trebuie să-ţi fie ruşine de asta. Trebuie doar să-ţi vezi tiparul, astfel încât să poţi începe să faci alte alegeri.

De exemplu, dacă te comporţi ca un *Martir* sau un *Îngrijitor* în toate relaţiile pe care le ai, nevoile tale nu vor fi satisfăcute. Convingerea că „Nevoile mele nu contează" îţi conduce viaţa.

Cei care caută astfel de oameni sunt atraşi în mod natural de tine. Iar dacă te întâlneşti cu cineva care nu are nevoie de grija ta, nu vei fi atras de acea persoană. Convingerea ta că „Nu voi primi iubire dacă nu am grijă de tine" te constrânge mereu să adopţi acelaşi rol.

Poţi schimba acest lucru numai dacă ajungi să spui în mod conştient „nu" atunci când în viaţa ta apar oameni care au nevoie de îngrijire. În momentul în care se aproprie omul în cârje ca să te roage să-i cedezi locul în autobuz, îţi cenzurezi dorinţa de a-l invita acasă ca să-l pui pe picioare. Îi spui: „Văd că eşti atras de mine, pentru că în trecut am fost un bun îngrijitor, dar am terminat cu rolul acesta. Acum învăţ cum să am grijă de mine."

Pe măsură ce înveţi să te aperi şi să refuzi vechile roluri disfuncţionale pe care le-ai jucat ca să primeşti iubirea celorlalţi, descoperi că poţi să-ţi oferi singur iubire şi acceptare. Ai grijă de tine însuţi. Devii propriul asistent medical. Şi începi să vindeci rana din spatele falsei convingeri că „Nevoile mele nu contează". Pe măsură ce rana se vindecă, convingerea dispare odată cu rolul pe care l-a creat.

În momentul în care cineva întreabă „Să ridice mâna toţi Îngrijitorii", înveţi să te laşi pe spătarul scaunului. Este posibil ca muşchii de la picioare să se tensioneze, pentru că eşti obişnuit să răspunzi apelului, însă, cu timpul, vor învăţa să se relaxeze. Te-ai transformat din interior către exterior. Nu mai ai acelaşi fel de a fi.

Pe măsură ce trădarea de sine şi tiparele ce o susţin se încheie, eşti liber să fii tu însuţi. Acesta este momentul adevăratei eliberări. În acea clipă, călătoria ta de vindecare se încheie şi poţi începe să-ţi revendici adevărata putere şi menire în viaţă.

Întrebări esenţiale

- Care este tiparul meu reactiv: luptă/fugi sau stai şi închide-te la nivel emoţional?
- Sunt dominator şi autoritar, pasiv şi supus sau evaziv şi speriat de intimitate/angajament?
- Am învăţat asta de la unul sau de la ambii părinţi?
- Am un tipar în care îi las pe alţii să ia decizii în locul meu sau încerc eu să iau decizii în locul lor?
- Ce trebuie să fac eu ca să-mi iau propriile decizii şi să le spun celorlalţi să se dea la o parte şi să mă lase să-mi adopt propriile alegeri?
- Ce trebuie să fac eu ca să mă dau la o parte şi să-i las pe ceilalţi să decidă pentru ei?
- Ce limite trebuie să le impun celorlalţi ca să-mi pot lua puterea înapoi?
- Ce limite trebuie să respect ca să nu mai iau putere de la alţii?
- Ce subpersonalităţi mi-am format pentru a supravieţui în copilărie şi în ce fel mi-au adâncit acestea tiparul de trădare de sine?
- Ce roluri trebuie să resping ca să nu mă mai trădez şi să încep să-mi revendic puterea şi să-mi îndeplinesc menirea?

Pasul 8

Renunță la sinele fals

OBIECTIV:

Renunță la rolurile și la convingerile care te limitează.

STRATEGIE:

Renunță la povestea ta.

Aşa cum am mai spus, nu-ţi vei schimba convingerile doar repetând o serie de afirmaţii, în care nu crezi la un nivel mai profund. Pentru a-ţi schimba convingerile, trebuie să te iubeşti într-un mod radical şi să înţelegi că ai crezut într-o poveste eronată despre cine eşti.

Arhetipul tău de trădare de sine – subpersonalitatea pe care ai adoptat-o pentru a-ţi satisface nevoile vieţii – este esenţa poveştii tale. Ai ales să fii *Martirul* sau *Băiatul cel rău* sau *Veşnicul copil* din cauză că, atunci când te-ai arătat lumii în acel rol, ai primit acceptare şi iubire. Dar acel rol era doar un rol. Nu era cel care eşti tu.

Înţelege că te-ai simţit în nesiguranţă şi nesusţinut în a fi cine eşti. De aceea ai ales să fii altcineva. Ai fost destul de deştept încât să vezi ce vor ceilalţi sau ce aşteaptă aceştia de la tine şi ai făcut tot posibilul să devii aşa ceva. Poate că ai reuşit. Poate că ai avut o mască bună şi ţi-ai jucat rolul într-un mod convingător. Sau poate că nici masca ta, nici jocul actoricesc nu au fost atât de bune. Tu ştii în ce măsură ţi-ai cumpărat şi ţi-ai vândut povestea.

Dacă eşti bun în rolul tău din poveste, ai putea crede că te reprezintă. Ai putea să crezi în propriile tale minciuni şi pretenţii.

Dacă este aşa, îţi va fi mai greu să vezi că povestea te vinde ieftin. Atât timp cât tu şi cei din jurul tău credeţi povestea, nu veţi simţi durerea şi trădarea de sine care o însoţesc.

Dar, mai devreme sau mai târziu, povestea despre tine se va autodistruge, pentru că este un fals. Nu poate fi susţinută la nesfârşit. Masca începe să se crape. Rolul începe să devină incomod. Trădarea de sine devine evidentă, iar povestea este pusă sub semnul întrebării, poate pentru prima dată. Te întrebi „Acesta sunt eu cu adevărat?“ sau „Acesta vreau eu să fiu cu adevărat?“. Iar răspunsul este „Nu!“.

Dacă eşti înţelept, înţelegi că, în cele din urmă, Humpty Dumpty va cădea de pe zid, iar tu va trebui să urmezi o terapie sau să te alături unui grup de studiu. Este greu să priveşti cum povestea se sparge în sute de bucăţi, când aceste bucăţi păreau, odată, că îţi aparţin. Deseori, este chiar mai greu pentru partener să privească felul cum viaţa ta se năruie, din cauză că el crede, încă, povestea pe care i-ai spus-o despre tine. Până şi prietenii tăi, copiii, colegii şi membrii bisericii la care mergi mai cred acea poveste.

Faptul revoluţionar este că toţi pot să creadă într-o poveste în care tu însuţi să nu mai crezi. Nu face greşeala să încerci să le ceri vreunuia dintre aceştia sprijin şi înţelegere.

Ei au investit în „vechiul tu". „Noul tu" este imprevizibil, poate chiar înfricoşător. Aceşti oameni ar putea chiar să suspecteze că ai înnebunit şi să încerce să te interneze într-o casă de nebuni.

Să nu-i învinuieşti. Ei chiar nu au ce să facă. Îl vor pe „vechiul tu" înapoi şi încă nu înţeleg că persoana pe care o cunoşteau – cea al cărei rol l-ai jucat atât de bine – a plecat definitiv.

Găseşte o comunitate vindecătoare care să-ţi sprijine transformarea. Găseşte oameni care să te ajute să devii autentic şi să spui adevărul despre cine eşti. Ia o pauză de la vechile roluri şi responsabilităţi. Îţi este greu, oricum, să le faci faţă. S-ar putea chiar să-ţi dai seama că îţi este imposibil să le continui. Pur şi simplu, inima ta nu mai este legată de ele.

Aşadar, fă o pauză. Fă-ţi timp pentru criza vârstei mijlocii. Valorile tale se schimbă. Nu-ţi mai este posibil să te trădezi sau să-ţi iroseşti puterea. Nu mai poţi să-ţi pui masca şi să te duci la muncă ori să-ţi iei o faţă zâmbitoare şi să găteşti cina. Aceste zile s-au terminat.

Înţelege semnele crizei şi ia-ţi timpul şi spaţiul de care ai nevoie pentru a o trece. Altfel, vei trăi o durere sfâşietoare. Când vine momentul schimbării, trebuie să colaborezi cu aceasta. Viaţa poate fi o moaşă mai bună dacă reuşeşti să creezi un spaţiu plăcut, favorabil naşterii copilului (sinele tău cel adevărat).

Înţelege că acestea sunt treburi serioase. Este în joc chiar viaţa ta. Nu ignora semnele prevestitoare. Când Shiva vrea să te izbească şi să te îngenuncheze, te rog, colaborează. Nu încerca să te mai agăţi de viaţa ta cea veche. Predă-te. Îngenunchează. Lasă ca vechile roluri să-ţi fie luate, astfel încât să nu le mai porţi ca pe o povară.

Eşti precum omida care se înfăşoară în coconul ei transformaţional. Odată ce ai intrat în camera de naşteri, vechiul tu dispare. Nu te mai poţi întoarce, nu mai poţi să ieşi iar afară. Cele şaisprezece picioare care te-au purtat la nivelul pământului au fost absorbite în lichidul amniotic. Nu mai există. Nu este chip să-i rezişti procesului. Trebuie să-l parcurgi. Lasă falsul sine să moară, iar sinele cel adevărat să se nască.

Când vei reapărea, vei avea aripi viu colorate. Nu va mai trebui să te oboseşti târându-te pe pământ. Îţi vei întinde aripile şi vei zbura. Toate măştile vor fi dispărut. Rolurile vor dispărea. Arhetipurile trădării de sine vor fi transmutate în arhetipuri ale transformării şi întăririi sinelui.

Adevărul este că momentul celei de-a doua naşteri – transformarea spirituală – vine pentru fiecare. Dar nu toţi aleg să ţină seama de chemare. Unii se complac în trădarea de sine şi nu-şi dau voie să le crească aripile spirituale. Aceştia sunt cei care învaţă greu. Ei nu ştiu cum să mai aibă încredere în ei înşişi sau în oricine altcineva. Se vor naşte din nou tot ca omidă şi vor mai parcurge drumul şi a doua sau a treia oară. Este în regulă. Răbdarea este o virtute. Toţi trebuie să o învăţăm.

Dar cei care ştiu că povestea este o minciună trebuie să renunţe la poveste. Aceasta şi-a îndeplinit rolul. Nu mai este necesară. Precum o piele veche, trebuie să fie lepădată. Pielea cea nouă creşte în mod natural pe măsură ce cealaltă este dată la o parte. Noua poveste şi convingerile care o însoţesc nu pot fi scrise până când nu se renunţă la cea veche, demonstrându-i netemeinicia.

Naşterea şi moartea merg mână în mână. La fel ca pasărea Phoenix, adevăratul sine se naşte din cenuşa sinelui fals. La capătul Nopţii întunecate a sufletului este experimentată lumina orbitoare a iubirii încarnate. Din durere apar înţelepciunea şi înţelegerea. Din trădarea de sine apare adevăratul sine, care nu poate fi trădat vreodată. Acesta trăieşte în fiecare dintre noi. Iar după ce tot ceea ce era fals a fost înlăturat, acesta se naşte spontan.

Fiecare dintre noi este o fiinţă strălucitoare, cu o menire importantă şi multă iubire de dăruit. Adevăratul sine ştie cum să dăruiască şi să primească acea iubire şi cum să împlinească acea menire. De aceea, naşterea sa în lume este de o importanţă capitală.

Sinele Christic, natura de Buddha, Tao cel esenţial

Nu are importanţă dacă eşti inspirat de Moise, de Christos, de Krishna, de Buddha sau de Lao Tse. Toate marile tradiţii de înţelepciune vorbesc despre naşterea sinelui adevărat. Important este să înţelegi că sinele adevărat nu are legătură cu nimeni altcineva. Are legătură cu tine.

Tu eşti cel care aduce iubirea. Tu eşti cel ales. Tu eşti cel care apare ca o lumină în întuneric. Tu eşti vocea din pustie. Dacă nu ajungi la maximul puterii şi intenţiei tale, în lume nu va veni mântuirea. Iisus a venit să ne arate acest lucru. La fel şi Buddha. Şi toţi maeştrii.

Trezirea, vindecarea şi întărirea sinelui au o importanţă capitală. Să nu crezi că vii aici fără daruri sau fără puterea de a oferi aceste daruri. La fel ca toţi oamenii, eşti aici pentru a deveni un instrument al iubirii şi al iertării. Dacă ai nevoie de o altă menire decât aceasta, înseamnă că nu înţelegi marea călătorie pe care o faci. Nu înţelegi de ce ai suferit şi ai învăţat din propriile greşeli, de ce ai căzut şi te-ai ridicat. Nu înţelegi că eşti aici nu doar pentru a te trezi şi a te vindeca, ci şi pentru a conduce şi a sluji.

Dacă asupra Pământului nu vine lumina soarelui, acesta se întunecă. Fără prezenţa purtătorilor de lumină, spiritul este ascuns şi uitat. Aceştia au venit, la fel ca tine, pentru a lumina calea oamenilor lui Dumnezeu. Dar ei nu ar fi putut să joace acest rol dacă nu şi-ar fi descoperit lumina din interior.

După ce descoperi lumina din interior, o porţi cu tine prin lume. Acesta e motivul pentru care te afli aici.

Vestea cea bună

Vestea bună este că nu te afli aici pentru a fi o omidă care se târăşte pe pământ. Eşti aici pentru a fi transformat într-un fluture viu colorat, care se hrăneşte cu nectarul celor mai frumoase flori. Iar acest lucru nu este adevărat doar pentru tine. Este adevărat pentru toată lumea.

Nu subestima, te rog, puterea pe care o are scopul călătoriei tale. Înţelege că, atunci când vine momentul transformării, trebuie să te supui. *Pasul 8* îţi spune să renunţi la trecut, pentru ca vechiul să poată muri, iar noul să poată apărea în viaţa ta.

Câteodată este înfricoşător să renunţi la ceea ce îţi este familiar. Dar să te agăţi de toate acestea nu-ţi mai e de niciun folos. Dacă încerci să faci aşa, lucrurile devin mai dificile. Aşa că înveţi să renunţi, pentru că renunţarea ajută la desfăşurarea procesului de transformare.

Lasă ca vechile definiţii despre sine să dispară. Trebuie să ajungi să te cunoşti pe tine însuţi din nou. Eşti ca un copil nou-născut. Încă nu ştii cine eşti. Trebuie să-ţi acorzi timpul necesar pentru a afla cine eşti şi ce anume îţi este drag în această viaţă. De data aceasta eşti singurul tău părinte şi îndrumător. Nimeni altcineva nu se va uita peste umărul tău, nici nu-ţi va spune în ce să crezi şi ce să faci. Eşti atât martorul, cât şi participantul, cel care vorbeşte şi cel care ascultă.

Iisus a spus: „Eu sunt Calea, Adevărul şi Viaţa."* Acelaşi lucru este valabil acum şi pentru tine. Calea ţi-a devenit limpede. Adevărul despre tine este revelat. Iar viaţa ta se desfăşoară pas cu pas. Treaba ta este, pur şi simplu, de a cinsti ceea ce este adevărat, ce simţi că este just, ce se întâmplă spontan şi fără efort. Eşti aici pentru a lăsa Marea Cale – Tao – să se exprime prin tine.

Tao se mişcă, încrezător, ca un râu ce curge către mare. Înconjoară ramuri şi bolovani, adaptându-se şi dansând în jurul tuturor obstacolelor, până când acestea încetează să mai fie obstacole şi redevin o parte din curgerea râului.

Când se naşte sinele adevărat, viaţa personală şi cea impersonală se unesc, devenind una. Acum eşti în întregime tu însuţi, individualizat şi unic, şi eşti pregătit să-ţi joci rolul tău în călătoria colectivă. Până să te individualizezi şi să renunţi la povestea ta, nu puteai să joci un rol în vindecarea conştienţei umane pe planeta Pământ. Poate că ai încercat, dar, până când nu dispare trădarea de sine, toate încercările de a-i servi pe ceilalţi eşuează inevitabil. Cineva care este condus de către rănile sale nu poate să-i ajute pe ceilalţi să-şi vindece propriile răni. Dar acum, după ce trădarea de sine a luat sfârşit, menirea ta de vindecător şi purtător al luminii poate fi dezvăluită.

Nu trebuie să-ţi dai singur seama de toate acestea. La *Pasul 8* ţi se spune doar să renunţi la povestea ta. Povestea cea nouă se va derula de la sine. Nu poate şi nu va fi impusă din afară. Va evolua în ritmul său propriu, din interior către exterior. Când eşti pregătit, chemarea va veni – şi o vei asculta, chiar dacă nu ştii cum.

Tot ceea ce făceai pentru tine de unul singur va fi, de acum, făcut într-un mod diferit. Spiritul îşi va face cunoscută Voinţa în interiorul inimii tale, iar mâinile şi picioarele

* *Ioan* 14, 6. (n. tr.)

ți se vor mișca în acord cu aceasta. Cuvintele pe care trebuie să le spui vor fi pe buzele tale atunci când trebuie să fie spuse. Iar faptele Spiritului vor curge prin tine, la fel cum curge apa în albia râului, jucăuș și cu încredere. Deoarece sinele adevărat a preluat conducerea, iar forțele sinelui fals au slăbit.

Întrebări esențiale

- Dacă mai am convingeri false, care sunt acelea?
- În ce fel mă agăț încă de trecutul meu, cu toată suferința, lipsa lui de autenticitate și trădarea repetată de sine?
- Ce câștig dacă nu renunț la trecut?
- Care este convingerea fundamentală pe care vreau să o modific?
- Ce roluri sau arhetipuri de trădare de sine rezultă din această convingere fundamentală?
- Care este povestea mea, pe scurt, și ce aspecte ale sale nu sunt adevărate?
- Când mi-am dat seama că povestea mea nu este adevărată și mă împiedică să duc o viață care să-mi aducă împlinire?
- Pot să renunț la poveste și să fiu liber și autentic?
- Trec chiar acum printr-un proces de transformare de tip moarte/naștere?
- Mă las în voia lui sau îi opun rezistență?
- Pot să am încredere și să mă las în voia procesului?
- Pot lăsa ca sinele fals să moară, iar cel adevărat să se nască?

Trecerea la faza a treia: Criza spirituală

Acesta este un timp când în viața noastră se produce o modificare majoră de paradigmă. Este o perioadă când vechile tipare bazate pe frică şi ruşine trebuie să înceteze şi să facă loc tiparelor spirituale noi, bazate pe iubire. Acest lucru nu se întâmplă peste noapte şi nici nu se desfăşoară într-un mod drăguţ şi ordonat. Câteodată, vechile tipare mor greu, iar noile tipare apar foarte lent. Poate părea ceva ciudat şi haotic.

Pentru mulţi dintre noi, schimbarea de paradigmă este însoţită de o formă de criză spirituală. Vechiul moare, iar noul nu s-a născut încă, astfel încât poate exista un sentiment de dezorientare şi chiar de deznădejde. Vechile valori şi concepţii, vechile prietenii, structuri familiale şi sociale nu ne mai susţin. Ne aflăm într-o stare bizară de uitare.

Practica noastră spirituală de unire cu iubirea ne ajută să ne pregătim pentru transformarea pe care toţi trebuie să o facem în viaţă de la stadiul de omidă la cel de fluture. Ne permite să avem încredere în procesul de vindecare emoţională şi de dezvoltare psihologică ce ne pregăteşte să facem saltul cuantic de la viaţa noastră bazată pe frică la o viaţă bazată pe iubire.

Ca să evoluăm, toţi trecem printr-un stadiu de crisalidă. În loc să ne îndreptăm către exterior, o pornim către interior. Nu mai căutăm iubire şi acceptare în afară, ci în interior. Acesta este momentul hotărâtor din viaţa noastră.

În stadiul de crisalidă, învăţăm să aducem iubire şi acceptare în experienţa noastră. Acest lucru îi transmite un mesaj sufletului, anunţându-l că suntem pregătiţi să participăm la procesul naşterii noastre spirituale. Atunci când participăm conştient la acest proces, nimic nu este brusc, dureros sau derutant.

Nu putem trece uşor prin această renaştere spirituală dacă nu ne învăluim în iubirea sinelui nostru esenţial şi nu simţim iubirea Mamei Divine, a cărei unică rugăciune este să dăm naştere la tot ceea ce este adevărat în noi înşine. Dacă nu ne oferim singuri iubire, în mod constant, ne va fi prea frică să renunţăm la sinele fals. Am avea impresia că ne aruncăm în abis.

Aceasta este perioada când avem nevoie de mult sprijin. Avem nevoie de adevăraţii noştri prieteni şi de membrii familiei sau ai comunităţii spirituale din care facem parte. Avem nevoie de ajutorul unui terapeut, ghid sau mentor talentat, care a parcurs această călătorie şi ştie cum să ne ajute să ne găsim calea.

Această perioadă de transformare este adeseori numită în scrierile spirituale „Noaptea întunecată a sufletului". Este întunecată fiindcă toate lucrurile de care depindeam în trecut ne sunt luate. Este o criză intensă, în care trebuie să descoperim o nouă credinţă şi un nou sens pentru viaţa noastră. De multe ori, acest lucru are loc sub forma unei crize a vârstei mijlocii, când vine vremea ca vechile roluri şi responsabilităţi să fie puse sub semnul întrebării. Din când în când, li se întâmplă şi oamenilor mai tineri.

Desigur că nu toată lumea se dedică vindecării emoţionale şi practicilor spirituale pentru a se conecta la sinele esenţial. Nu toată lumea trece în mod natural la o stare de renunţare la vechi, cum nu toată lumea are sprijinul unei comunităţi spirituale sau al unui terapeut spiritual. Unii oameni solicită o schimbare la nivel de suflet, dar nu înţeleg ce anume cer. Vor ca viaţa lor să se îmbunătăţească, însă nu ştiu că, pentru a se produce schimbarea, structura negării trebuie să se prăbuşească.

Se opun dezvoltării şi păstrează un timp prea îndelungat nişte slujbe, relaţii şi prietenii pe care le-au depăşit de mult. Ca să se trezească, sufletul lor creează un fel de furtună sau de criză de vindecare. Poate că se îmbolnăvesc ori au un accident. Este posibil ca cineva apropiat lor să moară sau să aibă o experienţă la limita morţii. Este posibil să le ia foc casa, să li se distrugă căsnicia, să fie concediaţi de la locul de muncă după douăzeci de ani de activitate. Se pot interna într-o clinică pentru dependenţi de droguri sau alcool. Într-un fel sau altul, ajung la limită. Ştiu că trebuie să se schimbe. Nu mai au cum să dea înapoi.

Şi totuşi, pentru aceia care sunt atenţi la semnele de avertizare, procesul morţii şi al renaşterii nu trebuie să fie brusc sau dramatic. Putem să ne vedem tiparele de trădare de sine şi să începem să le transformăm.

Ne putem elibera din cutiile şi închisorile noastre înainte de a deveni de nesuportat. Îl putem coborî pe Humpty Dumpty de pe zid înainte ca pământul să înceapă să se clatine. Putem face asta conştient şi progresiv, întrucât am stabilit legătura cu sinele esenţial şi suntem gata să-i dăm viaţă amprentei creatoare cu care ne-am născut.

Înainte să facem un salt de încredere, ştim că există pământ şi de cealaltă parte a prăpastiei. Ştim că ne desprindem de nişte roluri şi de nişte responsabilităţi de care nu mai avem nevoie. Ne schimbăm în mod conştient vechea înfăţişare. Ne dăm jos povara de pe umeri şi începem să ne deschidem faţă de o nouă viziune despre viaţa noastră.

A treia fază
ÎNTĂRIREA SINELUI

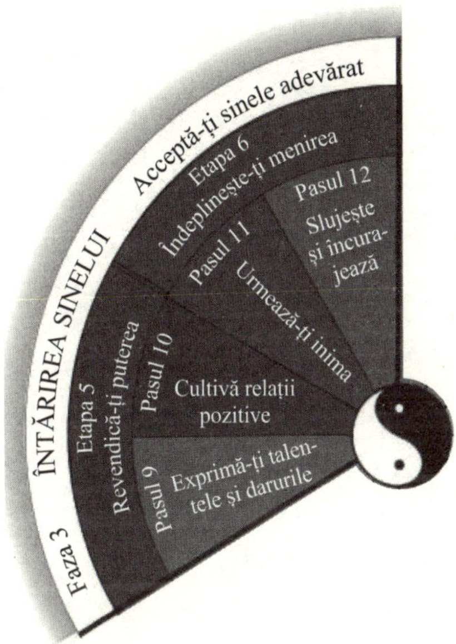

Pasul 9

Exprimă-ți talentele și darurile

OBIECTIV:
Fă ceea ce-ți place să faci.

STRATEGIE:
Fii creativ. Asumă-ți riscuri.

Acum, că lucrarea te-a adus până la faza de asumare a puterii, a sosit momentul să încetezi să mai faci ceea ce nu vrei să faci şi să începi să faci ceea ce vrei. Trădarea de sine trebuie să înceteze. Respectul de sine trebuie să înceapă.

A te forţa să faci o muncă ce nu te onorează sau nu-ţi antrenează şi pasiunea creatoare duce la depresie. Nu vei avea energie sau bucurie în viaţă. Trebuie să renunţi la acest tipar.

Observă că în trecut ai dus viaţa pe care ţi-au dorit-o alţii. În acest proces, ai renunţat la unele dintre cele mai importante preocupări, pasiuni şi daruri ale tale. Acum este timpul să-ţi urmezi inima şi să-ţi îmbrăţişezi darurile.

Intră în legătură cu ceea ce îţi doreşti cu adevărat şi pentru care eşti dispus să lucrezi. Dacă nu-ţi pasă de munca pe care o faci, dacă nu i te dedici pe deplin, vei continua să te trădezi. Nu mai face asta. Oferă-ţi timpul şi spaţiul pentru a-ţi trăi visurile.

Energia creatoare revine în clipa în care te respecţi şi faci ceea ce-ţi place. Asta te face vesel, apoi energia ta se va exprima cu un entuziasm natural şi va atinge şi alte inimi.

Dacă ai o rană nevindecată pe care ai primit-o de la tată, e posibil să fie nevoie să-ţi clădeşti încrederea în sine făcând paşi mici către atingerea obiectivului. Micile succese duc la altele mai mari. Ţintirea prea sus sau deplasarea prea rapidă vor duce la autodistrugere şi vor adânci eşecurile din trecut, împreună cu ruşinea ce le însoţeşte.

A te respecta la toate nivelurile

Există patru componente ce trebuie să fie prezente dacă vrei să-ţi îndeplineşti menirea:

1. spirituală: să-ţi exprimi darul şi să-i slujeşti pe ceilalţi (menire)
2. mentală: să vezi şi să cunoşti ceea ce vrei să obţii (viziune)
3. emoţională: să ai o dorinţă puternică de a-l obţine (pasiune)
4. fizică: să fii responsabil, echilibrat, să ai o strategie concretă (angajament)

Pentru început, trebuie să ştii care este darul tău. Să nu fi surprins dacă nu ai nicio idee. Majoritatea dintre noi ne abandonăm de mici darurile, ca să obţinem aprobarea părinţilor. Vor să-i facem să fie mândri de noi. Vor să le călcăm pe urme. Vor să le îndeplinim visurile neîmplinite şi să atingem obiectivele pe care ei n-au reuşit să le atingă. Au deja planul lor pentru viaţa noastră. La fel şi profesorii şi mentorii noştri.

Puţini oameni ne încurajează să fim noi înşine şi să aflăm ce ne place cu adevărat şi în ce anume excelăm. Ca urmare, amprenta creatoare pentru întruparea noastră, care îşi are sediul în sinele esenţial, poate trece neobservată. Probabil că ne-am petrecut primii treizeci de ani din viaţă încercând să le facem pe plac părinţilor, profesorilor, preoţilor şi altor mentori. Le-am preluat ordinele şi am început să mărşăluim către aprobarea cu care ne-au ademenit. Problema este că acesta a fost un marş al trădării de sine. Am făcut facultatea de Drept şi am ajuns avocaţi pentru că asta a vrut tata să fim. Ne-am căsătorit cu un medic sau cu un stomatolog pentru că asta a vrut mama să facem. Au vrut să fim în siguranţă. Au vrut să fie siguri că suntem în siguranţă şi că vom avea cum să ne plătim facturile. Poate că au vrut să avem chiar şi câte un simbol al succesului social: o maşină scumpă, o casă frumoasă, copii bine crescuţi şi o bună reputaţie printre membrii bisericii sau ai comunităţii.

Am urmat harta dată de ei pentru viaţa noastră. Am crezut că era harta pe care oricum ar fi trebuit să o avem. Dar n-am verificat niciodată asta. Se dovedeşte că a fost o presupunere destul de costisitoare. Treizeci sau patruzeci de ani mai târziu, putem să ne trezim şi să întrebăm: „Ce naiba fac?“ Bănuiesc că acest lucru face parte din procesul de învăţare. Mai întâi te trădezi pe tine, ca să ştii ce să *nu* faci, iar apoi înveţi din greşeala făcută şi începi să te respecţi aşa cum eşti.

Aceasta este şansa pe care ne-o oferă criza vârstei mijlocii. Ne reevaluăm şi ne reinventăm viaţa. Oricât de multă trădare de sine ar fi existat în trecutul nostru, nu este niciodată prea târziu să ne descoperim amprenta lăuntrică şi să începem să o respectăm. Tragedia nu este că am ajunge prea târziu la adevăr, ci că s-ar putea să nu ajungem la el niciodată.

Blocaje mentale/emoţionale

Deoarece ne-am abandonat amprenta lăuntrică, avem nevoie de o strategie prin care să o redescoperim. Primul loc unde trebuie să cercetăm este conştiinţa noastră. De prea mult timp ne-am îndreptat dinspre exterior către interior. Acum a venit vremea să căutăm în interior.

Există două lucruri pe care trebuie să le faci:

- Să nu mai faci ceea ce nu-ţi doreşti.
- Să te întrebi ce-ţi doreşti şi să începi să faci acel lucru.

Acesta nu pare a fi o formulă atât de greu de aplicat, cu toate că oamenii opun o mare rezistenţă la ambii paşi. Cred că pot face în acelaşi timp şi ceea ce detestă, şi ceea ce le place. Aşa li se pare că-şi asumă un risc mai mic. Problema este că, după ce termină să facă ceea ce nu le place, nu mai au energie să facă şi ceea ce le place.

Trăiesc într-o lume duală. Mottoul lor este „Vreau, dar nu pot". Adevărul e că „pot", dar nu vor cu adevărat. Nu vor să se producă o schimbare cu adevărat. Încearcă să pună mâna pe nou în timp ce nu-i dau drumul vechiului. Dar adevărul este că nu pot să apuce nimic nou dacă ţin încă în mână trecutul. Nu merge.

Renunţarea la trecut este un pas absolut esenţial dacă vrem să ne asumăm puterea şi să ne îndeplinim menirea. Aşadar, trebuie să vedem sincer şi clar modul în care ne opunem. Nu trebuie să fim prea duri cu noi înşine. Trebuie doar să înţelegem că „Mă împotrivesc foarte mult în această privință. Nu sunt pregătit să fac un pas mare... poate reușesc să fac un pas mic".

Astfel, în loc să renunțăm la slujbă, ne mai reducem din orele de lucru și ne oferim o zi sau două dimineți pe săptămână ca să explorăm ceea ce ne place. Este un lucru onest, dar și realist. Admitem că ne opunem, fără a lăsa ca acest lucru să ne împiedice progresul.

Cheia este să ieșim din scenariul vieții duble și să-i punem capăt convingerii neadevărate „Vreau, dar nu pot". Așa cum le-am spus de nenumărate ori clienților și studenților mei, „Nu-mi mai spuneți ce *nu puteți* face, ci spuneți-mi ce *puteți*". Ceea ce nu poți face nu mă privește. Și, de fapt, n-ar trebui să te privească nici pe tine. Nu este o idee care să-ți dea forță. Este limbajul unei victime. Reține că în faza a treia nu există victime – deci nu fi o victimă. În faza a treia există numai creatori. Fii creatorul propriei vieți.

Nu trebuie să fii ostentativ și nu trebuie să faci pași mari și lăbărțați. Sunt buni și pașii mici. Într-un fel, sunt de preferat pașilor mari, pentru că pun bazele unui mers sigur. Creează temelia pe care vei începe să clădești ceea ce vrei când vei fi pregătit.

Află care este dorința ta

Mulți oameni spun „Vreau să fac una și alta", dar nu fac decât să se păcălească pe ei înșiși și pe toți ceilalți. Nici nu mai știu cât de mulți oameni mi-au spus „Vreau să scriu o carte". Eu le răspund întotdeauna: „Ce ideea excelentă!" Dar, după șase luni sau un an, când mă întâlnesc cu ei și îi întreb „Cum merge cartea?", se uită la mine de parcă aș fi venit de pe altă planetă. „Care carte?", mă întreabă ei. „Cea pe care voiai să o scrii acum șase luni", le reamintesc.

„Aaa“, spun ei, după care încep să-mi povestească toate motivele pentru care nu au putut să o scrie. „Nu te mai obosi“, aş vrea să le spun. „Păstrează-ţi energia pentru ceva ce-ţi doreşti cu adevărat.“

Ideea este că vei face *numai* ceea ce vrei. Scrierea unei cărţi nu este chiar ceea ce vrei să faci, altfel ai scrie-o. Nimeni nu trebuie să-i spună unui scriitor când sau cum să scrie ori unui pictor când sau cum să picteze. Nimeni nu trebuie să-l motiveze pe un muzician să exerseze sau pe un înotător să-şi respecte antrenamentul. Toţi aceşti oameni fac ceea ce vor să facă. Motivaţia vine din interior.

Bineînţeles că, atunci când îţi petreci primii treizeci de ani din viaţă făcând ceea ce vor alţii de la tine, îți este greu să afli ce vrei să faci. Nu prea ai exersat cum să-ţi cunoşti dorinţele. Aceasta este o aptitudine pe care trebuie să o înveţi.

Să fim sinceri. Nu încerca să-l impresionezi pe prietenul tău care aleargă la maraton că te antrenezi pentru proba de 5 000 de metri, când în ultimii douăzeci de ani nu te-ai antrenat nici măcar o zi. Nu le spune oamenilor ce vor ei să audă. Spune-le adevărul. Spune-le: „Nu am idee ce vreau să fac. Mi-am petrecut toată viaţa ascultându-i pe ceilalţi. Sunt un novice în acest domeniu.“

Nu poţi să-ţi începi călătoria de revendicare a puterii personale minţindu-te pe tine şi pe ceilalţi. Trebuie să fii sincer. Şi trebuie să-ţi faci timp ca să intri în contact cu emoţiile tale. Trebuie să-ţi tot pui întrebarea „Ce vreau?“ sau „Ce-mi face plăcere?“, până primeşti răspunsul.

Te rog să ai răbdare şi să nu te forţezi cu nimic. N-ai face decât să încetineşti procesul. Oferă-ţi timpul şi spaţiul de care ai nevoie pentru a intra în contact cu adevărata ta dorinţă. Doar atunci când ştii ce-ţi doreşti cu adevărat vei fi pregătit să mergi înainte. Până atunci, un sfat: nu face rău. Abţine-te să te mai trădezi pe tine însuţi.

Este un adevăr simplu acela că grija și angajamentul merg mână în mână. Îți poți lua un angajament față de dorința inimii tale. Poți să te îngrijești de ea în fiecare zi. Poți face ceea ce trebuie făcut. Poți depăși obstacole. Te poți ridica după o căzătură, pentru că te îndrepți către un scop la care ții cu adevărat.

Nu poți face asta atunci când nu îți pasă de nimic. Nu ai fi cu adevărat prezent în ceea ce faci. Mulți oameni trăiesc așa. Dar nu și tu. Pentru tine, acele zile au luat sfârșit.

Vindecarea rănii primite de la tată

Rănile primite de la tată nu ne lasă să facem ceea ce ne place. Ne lipsesc încrederea de sine și pregătirea necesară pentru a avea succes. Nu știm care sunt darurile noastre sau, dacă știm, nu avem încredere în ele. Nu știm cum să rezolvăm problemele din viața noastră. Dacă nu ai primit o energie paternă adecvată, îți este greu să-ți asumi riscuri sau, dacă ți le asumi, o faci într-un mod nepotrivit. Trebuie să înveți să faci pași mici către obiectivele tale. Trebuie să rămâi cu picioarele pe pământ și să faci câte un pas, pe rând.

De obicei, oamenii cu răni paterne ignoră faza de pregătire și încearcă să sară peste pași. Ca urmare, ajung să cadă din picioare. Nu învață din propriile greșeli. Țintesc mereu către stele, chiar dacă nu fac decât să se prăbușească pe pământ și să sufere. De cele mai multe ori, sunt dependenți de viteză. Fac lucrurile repede, dar nu neapărat și bine. Printre aceștia se numără și subpersonalitățile *Fricosul* și *Grăbitul*. Activitatea lor neîntreruptă este condusă de frică și de nesiguranță. Le lipsește răbdarea și pregătirea.

Alții care nu reușesc să urmeze pașii sunt *Șarlatanul,* care nu știe și cum să facă un lucru, dar știe, totuși, cum să se prefacă, *Escrocul*, care știe să vândă un lucru, dar nu și să-l livreze, *Lăudărosul*, care se laudă cu multe, dar face puţine, şi *Capra*, care sare peste paşii necesari.

În schimb, unii dintre cei cu astfel de răni nu reuşesc nici să iasă din casă. Sunt la fel de răniţi. Nu au încredere în darurile lor şi nu le exprimă, deoarece le e frică să fie respinşi. Rămân în carapacea lor şi se ascund. De obicei, se pregătesc foarte mult pentru un lucru şi ajung obsedaţi de detalii. Fac în aşa fel încât totul să fie mai greu şi mai complicat decât este. Convingerea lor este „Nu sunt pregătit să fac asta". Printre aceştia se numără *Cel care amână inutil, Visătorul, Studentul profesionist* şi *Perfecţionistul.* Insistă mereu că au nevoie de timp pentru a se instrui şi pentru a-şi dezvolta mai multe aptitudini. Acest lucru este valabil şi în cazul în care au chiar şi şase doctorate. Sunt prea puţin motivaţi şi mult prea instruiţi.

Pe de altă parte, *Dependentul de muncă, Martirul, Sclavul, Salvatorul* şi *Guru-ul* au următoarea convingere: „Trebuie să fac asta. Dacă nu o fac eu, n-o va face nimeni." Ei cred că se află aici ca să-şi sacrifice propriile nevoi pentru a le satisface pe ale altora. Se află aici ca să-şi facă datoria, să slujească, să-i salveze sau să-i mântuiască pe ceilalţi. Nu sunt aici ca să se bucure de munca lor şi să se simtă bine în timp ce o fac.

Dacă ai activat oricare dintre aceste subpersonalităţi, înseamnă că ţi-ai ignorat adevăratele talente şi daruri şi ţi-ai cedat puterea. Ţi-ai petrecut viaţa pregătindu-te pentru ceva ce nu vrei să faci, care nu-ţi place sau sacrificându-ţi bucuria şi împlinirea ca să-i mulţumeşti pe alţii ori ca să te ridici la nivelul aşteptărilor lor.

Toate acestea s-au întâmplat fiindcă tatăl tău nu a putut fi alături de tine sau ţi-a acordat o îngrijire neadecvată. Fie a lipsit din viaţa ta, la nivel fizic şi/sau emoţional, fie a stat pe capul tău, spunându-ţi ce şi cum să faci. Dacă tatăl tău a fost critic, e posibil să-i fi asimilat părerea pe care o avea despre tine. Este posibil să te simţi inferior, ca tatăl tău. Este posibil să-ţi fi transmis rana lui.

Trebuie să-ţi oferi un timp în care să te vindeci cu tatăl tău, ca să poţi să-ţi asumi puterea personală şi să-ţi exprimi talentele şi darurile. Să nu fi surprins că, în timp ce lucrezi la acest pas, apare o ocazie de a-ţi lua apărarea în faţa lui sau de a vă împăca. Mulţi oameni păţesc asta.

Daruri naturale şi daruri dobândite

Talentele/darurile naturale sunt darurile cu care te-ai născut şi pe care trebuie să le ocroteşti, să le dezvolţi şi, în cele din urmă, să le exprimi. Pot fi daruri de creaţie, daruri emoţionale, intelectuale sau fizice.

Toţi cunoaştem oameni care au talent în muzică, la dans, pictură, la scris sau în divertisment. Îi inspiră pe ceilalţi prin intermediul talentului lor. Cunoaştem şi profesori plini de har, avocaţi, medici sau afacerişti care excelează prin intelectul lor. Am întâlnit terapeuţi, asistenţi medicali şi tot felul de oameni care, datorită darului lor emoţional, îi îngrijesc şi îi ajută pe ceilalţi. Şi cunoaştem mari atleţi, care ne uimesc şi ne bucură cu darul lor fizic. Poţi avea mai multe astfel de daruri. Poţi avea şi daruri paranormale, precum clarvederea sau claraudiţia, ori daruri spirituale, precum înţelepciunea lăuntrică sau legătura cu energiile vindecătoare.

Dacă ai noroc, reuşeşti să-ţi cunoşti aceste daruri încă din copilărie şi să începi să le cultivi în mod activ cu ajutorul părinţilor tăi. Dacă nu eşti atât de norocos, este posibil ca părinţii să-ţi fi ignorat darurile sau să te fi forţat într-o altă direcţie. Sau poate că te-au forţat să-ţi dezvolţi darurile, iar tu ai început să ai o repulsie faţă de ele şi ai refuzat să le mai foloseşti.

Din fericire, ai început să-ţi vindeci rănile şi poţi să-ţi revendici darurile în condiţiile impuse de tine. Astfel, îţi va fi mai uşor să ţi le valorifici, să-ţi remediezi problemele financiare şi să te uneşti cu adevărata curgere naturală a abundenţei din viaţa ta.

Pe lângă darurile cu care te-ai născut, mai sunt şi talentele pe care le-ai dobândit în această existenţă prin înfruntarea problemelor şi a greutăţilor. Prin învăţarea lecţiilor şi prin vindecarea rănilor îţi creezi noi aptitudini, care te pot ajuta să-ţi exprimi darurile naturale. Ba chiar combinaţia dintre darurile naturale şi cele dobândite îţi permite să fii la locul potrivit şi să-ţi îndeplineşti adevărata menire creatoare.

Pasul 9 îţi cere să realizezi un efort conştient de a face ceea ce-ţi place şi de a fi deschis către oportunităţile de a-ţi împărtăşi darurile, ori de câte ori ţi se prezintă. Dacă nu ţi-ai cultivat darurile, începe acum să le dezvolţi prin studiu, instruire, ucenicie sau activităţi de voluntariat, astfel încât să dobândeşti aptitudinile şi experienţa de care ai nevoie pentru a avea succes. Ai grijă să-ţi fixezi obiective realiste, care pot fi atinse, şi să înveţi să faci paşi mici către realizarea lor.

Ai răbdare şi fii dedicat. Învaţă să te ţii de promisiune, chiar şi atunci când este dificil. Şi renunţă la perfecţionism. Este un mare obstacol pe calea exprimării de sine.

Fii dispus să-ţi asumi riscuri şi să înlături obstacolele. Nu poţi rămâne închis în zona ta de confort, căci, astfel, nu te vei putea dezvolta şi nu vei reuşi să-ţi asumi puterea personală. Spune „da“ noilor oportunităţi. Intră pe uşile ce ţi se deschid. Nu lăsa frica sau paralizia obişnuinţelor să te ţină pe loc. Priveşte obstacolele ca pe nişte provocări, şi nu ca pe nişte probleme. Acceptă rezultatul şi învaţă din greşeli. Nu te da bătut. Ai încredere în tine şi mergi înainte.

Întrebări esențiale

- Știu că am niște daruri? Dacă da, care sunt?
- Ce-mi doresc? Ce-mi face plăcere? Ce mă preocupă? Cărui lucru mă pot dedica pe deplin?
- Am fost încurajat de către părinți, frați și profesori să-mi dezvolt și să-mi exprim darurile?
- Am fost împins într-o altă direcție de către părinți, frați, profesori sau m-au forțat să fac doar ceea ce voiau ei?
- Ce răni am de pe linia tatălui și cum m-au împiedicat să-mi găsesc împlinirea în carieră?
- Am un tipar de a-mi fixa obiective nerealiste, țintind prea sus și eșuând după aceea?
- Am un tipar de a amâna, de a inventa scuze, de a nu-mi asuma riscuri?
- Ce legătură au aceste tipare cu rana primită de la tatăl meu?
- Am vreo șansă acum de a vindeca vreun aspect al acestei răni?
- Am probleme cu banii? Nu reușesc să-mi valorific darurile?
- Care sunt darurile pe care le-am dobândit în viață și cum am reușit să le îmbin cu darurile mele naturale?
- Care este cel mai mare eșec din viața mea? Ce am învățat din asta?
- Care este cea mai mare realizare din viață?
- Am aptitudinile necesare de a-mi exprima pasiunea și viziunea? Dacă nu, cum le pot dobândi?
- Cum îmi pot folosi darurile pentru ai ajuta pe cei care au răni/convingeri asemănătoare cu ale mele?
- Cum aș vrea să arate cariera mea peste cinci ani?
- Ce pași pot să fac chiar acum pentru a crede în darurile mele și pentru a-mi asuma puterea și menirea personală?

Pasul 10

Cultivă relații pozitive, de egalitate cu ceilalți

OBIECTIV:

Experimentează egalitatea
și intimitatea alături de ceilalți.

STRATEGIE:

Asumă-ți problemele. Practică iertarea.

Într-o relaţie sănătoasă, partenerii sunt egali. Fiecare persoană îşi duce propria greutate şi îşi asumă responsabilitatea pentru a se iubi şi a se întreţine singură. Nimeni nu-l salvează pe celălalt, nu-l schimbă şi nu ia decizii în locul lui.

Odată ce treci la a treia fază a acestui proces de transformare, laşi în urmă relaţiile codependente, în care ambii oameni îşi cedează puterea, şi începi să cultivi relaţii pozitive, bazate pe egalitate şi respect reciproc. Nu te mai comporţi nici ca o victimă, nici ca un torţionar. Ai pus deja capăt cercului vicios al abuzului şi tiparelor de trădare de sine din viaţa ta.

Acest lucru înseamnă că nu mai trăieşti ca să-l mulţumeşti, să ai grijă sau să-l controlezi pe altul, nici nu trăieşti ca să fii îngrijit, controlat sau dominat de către o altă persoană. Nu accepţi autoritatea nimănui şi nici nu ceri să ai autoritate asupra altui om.

Înţelegi şi practici limite sănătoase în relaţiile tale. Ştii care este responsabilitatea ta şi care este responsabilitatea celuilalt. Foloseşti Cursul meu intensiv în respectarea limitelor ca practică regulată, asumându-ţi responsabilitatea pentru ceea ce gândeşti, ce simţi, ce spui şi ce faci şi dându-le voie celorlalţi să-şi asume răspunderea pentru gândurile, sentimentele, cuvintele şi actele lor. (Vezi a doua parte, *Cheile Împărăţiei* pentru aceasta şi pentru alte practici spirituale importante, care te ajută să menţii o relaţie armonioasă cu ceilalţi.)

Asta nu înseamnă că faci totul perfect. Şi tu, şi partenerul tău faceţi greşeli. Dar hotărâţi amândoi să vă recunoaşteţi greşelile şi să învăţaţi din ele.

Acest lucru înseamnă că trebuie să ai dreptate mereu sau să-l învinuieşti în permanenţă pe partenerul tău. Ştii că uneori vezi lucrurile mai clar decât el, la fel cum şi el vede alteori lucrurile mai limpede. Nu intra într-o competiţie despre „cine este mai bun“ şi nu accepta ideea că unul dintre voi este mai prejos decât celălalt.

Chiar dacă sentimentele de inferioritate apar la amândoi, nu le credeţi. Vedeţi că iese la suprafaţă ceva ce trebuie acceptat, iertat şi vindecat. Vedeţi că fetiţa sau băieţelul din interiorul vostru nu se simte iubit şi învăţaţi să-i oferiţi iubire atunci când are nevoie de ea.

Înţelegi că responsabilitatea ta prioritară este să te iubeşti şi să te respecţi pe tine însuţi şi nu încerci să-l faci pe partener responsabil pentru faptul că te simţi iubit şi mulţumit. Înţelegi că fericirea vine din interior. Se naşte din crearea unei relaţii de iubire cu tine însuţi, iar acesta este un proces care se desfăşoară pe întreaga durată a vieţii. În fiecare zi înveţi să te tratezi cu mai multă iubire şi compasiune.

Deşi îl iubeşti şi îl preţuieşti pe partenerul tău, înţelegi că el singur trebuie să-şi asume responsabilitatea pentru a se iubi şi a se respecta. Nu-ţi poţi asuma tu acea răspundere, fără să devii codependent şi să sabotezi relaţia. Înveţi să stai pe loc şi să-i oferi partenerului timp şi spaţiu pentru a lucra asupra problemelor de lipsă de încredere în sine care îi apar. Ştii că este răspunderea lui să aducă iubire în propria experienţă.

Dar, cu toate acestea, sunt momente când vă faceţi rău unul altuia. Îţi proiectezi frica şi ruşinea în afară. Dai vina pe celălalt. Întotdeauna doare când se întâmplă acest lucru. În plus, dacă nu reuşiţi să vă iertaţi unul pe altul şi să vă împăcaţi, încrederea dintre voi poate fi compromisă.

Prin urmare, cel mai mare angajament este, şi trebuie să fie, să-ţi ierţi partenerul şi să te ierţi şi pe tine însuţi pentru greşelile voastre. Pentru asta, trebuie să găseşti o cale de a asculta cu compasiune plânsetele copilului lăuntric. Trebuie să-i simţi suferinţa şi să lucrezi ca să o alini, creând spaţiul pentru vindecare şi acceptare.

Capacitatea de a avea grijă de copilul lăuntric al partenerului depinde de capacitatea ta de a avea grijă de propriul copil lăuntric. Înveţi să-ţi oferi timpul de care are nevoie copilul pentru a se simţi acceptat şi iubit, astfel încât să nu fie gelos pe copilul lăuntric al partenerului, intrând în competiţie cu el.

Înţelegi că doi copii răniţi nu se pot iubi unul pe celălalt. Este nevoie de un adult plin de iubire. Uneori, acesta vei fi tu, când vei crea un spaţiu de iubire şi de acceptare atunci când partenerul te atacă. Alteori, partenerul tău va face asta. Trebuie să vină din ambele sensuri. Amândoi trebuie să învăţaţi să jucaţi un rol conciliator. Altfel, atacurile se vor intensifica şi niciunul dintre voi nu se va simţi în siguranţă în cadrul relaţiei.

Două tipuri de relaţii ce întăresc sinele

Există două tipuri de relaţii care ajută la întărirea sinelui: „separaţi, dar egali" și „intimitate împărtăşită". În primul tip de relaţie, partenerii au nevoie de mult spaţiu personal. De cele mai multe ori, nici nu locuiesc împreună. Sau, dacă locuiesc, au limite foarte clare, care îi creează fiecărei persoane un spaţiu personal.

În al doilea tip de relaţie există mult timp pentru împărtăşire şi intimitate. Oamenii trăiesc împreună, călătoresc împreună şi îşi împart majoritatea aspectelor din viaţa lor.

Pericolul primului tip de relaţie este că va exista o lipsă de intimitate şi de coeziune. Partenerii pot simţi că sunt distanţi şi că nu se susţin unul pe celălalt. Pericolul celui de-al doilea tip de relaţie este că poate deveni o relaţie de rutină. Partenerii pot, totuşi, să nu-şi acorde atenţia cuvenită, iar energia dintre ei poate să stagneze.

Antidotul, în primul caz, este timpul petrecut împreună. În al doilea caz, antidotul este timpul petrecut separat.

Unele relaţii prosperă atunci când partenerii petrec mult timp împreună şi au multe pasiuni comune. Altele prosperă atunci când fiecare persoană are suficient timp pentru sine. Este de folos dacă ştii ce fel de relaţie îţi prieşte.

Pentru ca intimitatea şi pasiunile să poată fi menţinute, partenerii trebuie să găsească un echilibru între timpul petrecut singuri şi timpul petrecut împreună. Pe de altă parte, trebuie dedicat un timp periodic în care cei doi să comunice şi să-şi împărtăşească din experienţe.

E bine ca fiecare cuplu să respecte această dinamică.

Uneori, oamenii nu sunt compatibili în ceea ce privește tipul de relație de care au nevoie. Dacă una dintre persoane are nevoie de multă intimitate, iar cealaltă se teme de acest lucru și are nevoie de mult timp petrecut în doi, nevoile niciunuia dintre ei nu vor fi satisfăcute. Pentru o relație de lungă durată, este bine să fii alături de un partener care are aceleași nevoi.

Oamenii care s-au emancipat mai devreme în viață nu au nevoie de mult timp separat de partenerii lor. Sunt pregătiți să-și ia un angajament și să creeze un spațiu comun pentru conștiența lui „noi". Acest lucru îi face să accepte și mai profund intimitatea și iubirea dintre ei.

Însă atunci când unul sau ambii parteneri trebuie să se individualizeze, dezvoltarea personală poate fi sprijinită de o relație de tip „separați, dar egali". O astfel de relație poate fi o alegere de stil de viață sau poate reprezenta un pas pe calea către o mai mare intimitate cu cel de lângă tine ori cu un viitor partener.

Trecerea dincolo de romantism, către o legătură la nivelul tuturor chakrelor

Parteneriatul reușit se bazează pe o relație echilibrată și realistă. Nu cere prea mult sau prea puțin de la cei implicați. Fiecare partener a renunțat la idealul romantic și îl acceptă pe celălalt așa cum este. În plus, fiecare persoană este dispusă să accepte și să rezolve problemele pe care le aduce relația. Ambii parteneri își iau un angajament serios.

Pentru ca parteneriatul să fie desăvârșit, relația trebuie susținută în permanență prin pasiune. Ambele persoane trebuie să fie atrase una de cealaltă și să caute compania celuilalt. Toate chakrele trebuie să funcționeze. Relațiile în care sunt implicate toate chakrele presupun o bună legătură între cei doi şi un schimb pozitiv de energii în toate domeniile enumerate mai jos:

- Legătura spirituală: Amândoi împărtăşiţi şi/sau respectaţi/susţineţi pe deplin calea unică de vindecare şi de conectare la Divin a celuilalt.
- Legătura mentală: Împărtăşiţi şi/sau respectaţi/susţineţi pe deplin pasiunile, valorile şi darurile de expresie creatoare ale celuilalt. Puteţi să comunicaţi cu sinceritate şi cu respect.
- Legătura emoţională: Aveţi încredere unul în celălalt. Vă simţiţi acceptaţi, auziţi şi sprijiniţi. Vă deschideţi inima unul altuia. Sunteţi recunoscători pentru prezenţa celuilalt şi preţuiţi experienţele pe care le aveţi împreună.
- Legătura fizică: Sunteţi atraşi unul de celălalt şi vă atribuiţi afecţiunea pe care v-o doriţi. Vă place să trăiţi împreună deoarece vă simţiţi în siguranţă. Relaţia voastră sexuală vă mulţumeşte pe amândoi.

Poate fi de folos să vă evaluaţi relaţia acordând câte un număr de la 1 la 10 pentru fiecare dintre categoriile de mai sus. Atribuie 1 pentru cel mai scăzut nivel de conexiune şi 10 pentru cel mai înalt. Apoi adunaţi toate numerele. Cel mai mare scor pe care l-ar putea avea relaţia ar fi un 40, iar cel mai scăzut ar fi 5. Dacă ai curaj, roagă-l şi pe partener să evalueze relaţia şi comparaţi rezultatele.

Dacă amândoi aţi cotat relaţia undeva între 30 şi 40, sunteţi norocoşi şi binecuvântaţi că vă susţineţi unul pe celălalt în călătoria voastră de trezire, vindecare şi asumare a puterii personale. Dacă i-aţi acordat între 20 şi 30 de puncte, este foarte probabil ca relaţia voastră să fie una de calitate, în care vă susţineţi reciproc, cu condiţia ca amândoi să vă fi luat angajamentul de a vă îmbunătăţi gradul de intimitate, de comunicare şi de respect reciproc.

Pe de altă parte, dacă aţi evaluat relaţia între 10 şi 20, poate că e timpul să aveţi o discuţie sinceră. Trebuie să descoperiţi dacă aveţi o viziune comună şi sunteţi amândoi la fel de dedicaţi relaţiei. Trebuie ca amândoi să vă puneţi întrebarea „Această relaţie îmi oferă un cadru în care să-mi onorez şi să-mi exprim adevăratul sine sau mă limitează şi mă împiedică să mă exprim într-un mod autentic?".

Această conversaţie este necesară pentru majoritatea cuplurilor care sunt împreună de 20 sau 30 de ani. Dacă v-aţi încheiat responsabilităţile de părinte, nu înseamnă că vreţi neapărat să mai petreceţi încă 20 sau 30 de ani împreună. Trebuie să descoperiţi dacă relaţia vă dă voie să vă dezvoltaţi şi să fiţi puternici sau dacă nu face decât să vă reîntărească tiparele de trădare de sine.

Dacă i-aţi acordat relaţiei sub 10 puncte, este limpede că nu vă simţiţi sprijiniţi în procesul de vindecare şi de întărire a sinelui. Poate ar trebui să vă gândiţi la posibilitatea că încheierea acestei relaţii este un pas important în renunţarea la tiparele de trădare de sine. Dacă acest lucru este valabil pentru tine, probabil că este şi pentru partenerul tău.

Orice decizie ai lua, fii conştient de faptul că o relaţie nu poate fi reparată sau transformată dacă ambii parteneri nu sunt dispuşi să facă lucrurile într-un mod diferit. De cele mai multe ori, vechile tipare sunt adânc înrădăcinate, iar cele noi nu se fixează cu uşurinţă. Sinele adevărat nu se poate naşte până când cel fals nu este abandonat. Relaţiile sănătoase nu se pot naşte până când cele codependente nu se destramă. Doar cele mai devotate şi curajoase cupluri pot dirija moartea propriei relaţii nesănătoase, ca mai apoi să o poată re-crea, într-un mod sănătos. Dar dacă dorinţa este reciprocă şi suficient de puternică, nimic nu este imposibil.

Semne de avertizare

Există întotdeauna posibilitatea ca ambii parteneri să se întâlnească pentru a crea împreună o relaţie puternică de egalitate, dar să descopere cu timpul că nu fac decât să-şi declanşeze tot felul de reacţii. În loc să fie ceea ce vă încununează viaţa, relaţia se transformă în cea mai mare lecţie pe care aţi avut-o vreodată.

Dacă se întâmplă aşa, să nu credeţi că aţi eşuat. Căutaţi ajutor. Uneori, vechile tipare de trădare de sine şi rănile din spatele lor ies brusc la suprafaţă, chiar după ce aţi parcurs o bună parte din procesul de vindecare.

Iată câteva semne de avertizare de care trebuie să ţineţi cont. Ele arată că relaţia s-a abătut de la calea sa şi că poate fi chiar nesănătoasă.

- Vă învinuiţi şi vă înjosiţi în mod frecvent unul pe celălalt.
- Îi cedezi celuilalt puterea/responsabilitatea.
- Simţi nevoia de a-l controla pe partener sau de a lua decizii în locul lui.
- Relaţia adânceşte tiparele de abuz fizic, emoţional sau sexual.
- Nu poţi stabili nişte limite sănătoase între tine şi partener.
- Te simţi responsabil pentru suferinţa şi lipsa de iubire a partenerului.
- Devii o victimă sau o persoană care are grijă de celălalt.
- Simţi adesea nevoia să ai dreptate şi să-i dai celuilalt de înţeles că greşeşte.
- Nu-i poţi oferi iubire propriului copil lăuntric sau copilului lăuntric al partenerului.

Dacă în relaţia voastră sunt prezente unul sau mai multe dintre aceste semne de avertizare, poate că a sosit timpul să cereţi ajutorul unui consilier sau al unui terapeut. Ar fi de folos şi dacă ai parcurge cu partenerul Procedeul de afinitate, de cel puţin două sau trei ori pe săptămână. (Vezi a doua parte a cărții de față, *Cheile Împărăției*.)

Dacă te afli într-o relaţie nesănătoasă, este răspunderea ta să stabileşti limite clare cu partenerul sau să ieşi din relaţie. Nimeni altcineva nu-şi poate asuma această responsabilitate în locul tău. Dar să nu eziţi să ceri ajutor dacă ai nevoie de el.

Înainte să iei decizia de a rămâne sau de a ieşi din relaţie, luaţi în considerare următoarele sugestii:

- Practicaţi Procedeul de afinitate, astfel încât să vă ascultaţi unul pe celălalt.
- Cereţi ajutor terapeutic (consiliere matrimonială).
- În momentul în care părăseşti o relaţie de co-dependenţă, încearcă să înţelegi şi să vindeci tiparele de trădare de sine/de victimizare care te-au adus în acea relaţie.
- Să nu stai într-o relaţie care te face să suferi.
- Să nu o părăseşti într-o stare de furie şi de învinovăţire.
- Tratează-ţi partenerul cu respect, cu blândeţe şi compasiune.
- Asumă-ți alegerile pe care le faci.
- Să nu încerci să-ţi asumi răspunderea pentru alegerile făcute de partener.
- Încearcă să nu oferi şi să nu primeşti o învinuire artificială.
- Practică iertarea de sine, precum şi pe a partenerului.

A practica iertarea cu partenerul tău

Iertarea este cel mai important proces de transformare prin care treci împreună cu partenerul tău. Practică-l în fiecare zi. Învaţă să ierţi greşeli şi să-ţi asumi răspunderea de a le corecta. Dacă nu vei face acest lucru cu toată convingerea şi seriozitatea, relaţia va fi distrusă la prima furtună.

Când practici iertarea, fii blând cu tine însuţi şi cu partenerul. Învaţă să fii flexibil şi rezistent. Recunoaşte-ţi greşelile şi cere-ţi iertare pentru ele. Înţelege că nu trebuie să ai dreptate ca să fii fericit. Admite că poţi să greşeşti şi totuşi să fii iubit şi că şi tu îl poţi iubi pe partener când greşeşte.

Dacă nu se pune problema abuzului, nu te grăbi să părăseşti o relaţie la care mai trebuie lucrat. Fă-ţi timp să-ţi asumi greşelile şi să-i arăţi partenerului, prin exemplu personal, schimbarea pe care o ceri de la el.

Înţelege că nimeni nu este perfect. Nici tu, nici partenerul tău. Nu vă crucificaţi unul pe celălalt. Fiecare face tot ceea ce poate, cu conştienţa pe care o are în acel moment. Atunci când înveţi din greşeli, îţi ridici nivelul de conştienţă şi devine mai puţin probabil să repeţi aceeaşi greşeală.

Iertarea adevărată îţi cere să ai conştienţa că nu poţi schimba trecutul. Dar poţi crea un alt rezultat, pe viitor. Aşa că nu-ţi irosi timpul cu sentimente de ruşine şi de vinovăţie. Întreabă mai bine „Cum să facem ca pe viitor această lume să fie mai bună?“.

Rugăciunea seninătăţii* te ajută să practici iertarea. Este un instrument minunat, care ar trebui folosit în fiecare zi.

Asumă-ţi în fiecare zi responsabilitatea pentru ceea ce gândeşti, simţi, spui şi faci şi roagă-l pe partenerul tău să procedeze la fel. În momentul în care ţi se declanşează o stare, nu-l ataca pe celălalt. Priveşte în interiorul tău şi vezi ce rană sau convingere ascunsă iese la suprafaţă pentru a fi vindecată. Foloseşte-ţi relaţia drept o oglindă, cu ajutorul

---

* „Doamne, dă-mi seninătatea de a accepta ceea ce nu pot să schimb, curajul de a schimba ceea ce pot şi înţelepciunea de a şti să fac deosebirea între ele“ (de Reinhold Niebuhr). (n. tr.)

căreia să ajungi să te înţelegi mai bine. În momentul în care partenerul proiectează ceva asupra ta, iartă-l pentru greşeala lui. Atunci când tu proiectezi asupra lui, cere-ţi iertare.

Măcar de două ori pe săptămână, când partenerul îţi declanşează o stare, cere-i să creaţi un *spaţiu de afinitate*, în care să-i poţi împărtăşi ce simţi. Urmează *Regulile de bază ale grupului de afinitate* şi ai grijă să fii responsabil pentru ceea ce spui şi gândeşti. Fă afirmaţii despre tine, nu despre el. Nu-ţi învinui partenerul şi nu încerca să-l faci răspunzător pentru felul în care te simţi. Referă-te mereu la tine. Lasă-l pe celălalt să ştie ce rană s-a declanşat în interiorul tău şi ce falsă convingere despre tine trebuie să cercetezi. Explică-i că nu ai nevoie de niciun feedback din partea lui. Cere-i doar să-ţi fie martor şi să te urmărească într-un mod plin de iubire şi de compasiune. Oferă-te să faci acelaşi lucru şi pentru el.

Aveţi răbdare unul cu celălalt. Durează până înveţi să foloseşti acest procedeu. Cu cât îl practici mai mult, cu atât vei aplica mai bine regulile şi cu atât va deveni mai uşor să comunicaţi sincer unul cu altul.

11 reguli de bază pentru crearea unei relaţii minunate

Următoarele reguli te vor ajuta să creezi şi să menţii o relaţie minunată cu partenerul de viaţă.

1. Iubeşte-te pe tine însuţi în mod necondiţionat şi învaţă să fii cel care aduce iubire în viaţa ta, clipă de clipă. Nu depinde de iubirea celorlalţi.
2. Stabileşte limite clare între tine şi ceilalţi şi foloseşte-te de stările declanşate în relaţie ca de nişte ocazii de a continua să-ţi vindeci rănile şi convingerile cele mai profunde.

3. Fii pregătit pentru intimitate. Înainte de a începe o nouă relaţie, ia-ţi timp pentru a plânge încheierea relaţiilor anterioare şi pentru a-ţi vindeca o parte din tiparele de trădare de sine.
4. Fii sigur că vrei într-adevăr această relaţie. Dacă o vrei cu adevărat, transform-o în cea mai mare prioritate. Mulţi oameni spun că fac deja acest lucru, dar se păcălesc singuri. Pune-ţi întrebarea: „Care este prioritatea mea – copiii, munca sau să am grijă de părinţii mei?" Fii sincer. Nu pregăti condiţiile unui eşec. Dacă relaţia ta va ocupa un loc secundar faţă de aceste angajamente, nu se va ajunge la gradul de intimitate discutat aici. Este mai bine să-ţi fixezi un obiectiv mai realist.
5. Nu te grăbi. Ia-ţi tot timpul de care ai nevoie şi ai răbdare. Trebuie să ai încredere în procesul de vindecare şi să ştii că, atunci când stabileşti o legătură suficient de strânsă cu sinele tău esenţial, vei atrage un partener care te va ajuta să te dezvolţi şi să faci următorul pas în călătoria ta.
6. Renunţă la idealul romantic. Dacă vrei să-ţi atragi sufletul pereche, trebuie să fii realist şi să ştii că acesta îţi va scoate la suprafaţă fiecare îndoială de sine, astfel încât să te poţi vindeca şi să-ţi asumi puterea. Dacă eşti în căutarea unei relaţii uşoare, care nu-ţi pune la încercare structura ego-ului, nu este înţelept să-ţi cauţi sufletul pereche.
7. Creaţi-vă o viziune comună. Fiţi siguri că aveţi aceleaşi ţeluri pentru relaţia voastră şi că sunteţi de acord asupra metodelor prin care veţi ajunge să le îndepliniţi.
8. Nu pierde din vedere că nevoile şi experienţele partenerului sunt egale şi la fel de importante ca ale tale. Mulţi oameni cred că fac asta, dar, în

realitate, puţini o fac. Aceasta este una dintre disciplinele grele ale unei relaţii devotate.

9. Fii monogam. Chiar dacă nu este imposibil să creezi o legătură strânsă, la nivelul tuturor chakrelor, cu mai multe persoane, nu ar fi uşor şi nici înţelept. Pe de altă parte, fiecare trebuie să fie sincer cu el însuşi. În cazul în care încerci să ai relaţii intime cu mai mulţi parteneri, este nevoie să fii sincer şi deschis faţă de toate persoanele implicate.
10. Nu-ţi învinui sau înjosi partenerul. Toate încercările de a-l învinui sau înjosi sunt bazate pe frică şi vor distruge încrederea pe care o aveţi unul în celălalt. O relaţie reuşită poate fi clădită numai din sentimentele de iubire şi de acceptare pe care le nutriţi unul faţă de altul.
11. Oferă-i relaţiei timpul şi atenţia de care are nevoie. O relaţie plină de entuziasm necesită să i se ofere în fiecare zi o comunicare de la inimă la inimă. Vă cere să vă simţiţi bine şi să sărbătoriţi şi mai cere sinceritate şi introspecţie.

Întrebări esenţiale

O relaţie minunată este o operă de artă. Este creată, nu născută. La crearea ei se lucrează clipă de clipă, în fiecare zi din viaţă. Pentru a crea o astfel de relaţie, pune-ţi următoarele patru întrebări:

- Îmi doresc relaţia cu adevărat? Sunt dispus să fac o prioritate din această relaţie?
- Sunt pregătit? M-am vindecat suficient de pe urma traumelor din copilărie şi a relaţiilor anterioare? Pot renunţa la trecut?

- Sunt dispus? Sunt dispus să-i ofer relaţiei, clipă de clipă, grija, timpul şi atenţia de care are nevoie pentru a prospera?
- Sunt capabil? Am învăţat să-mi asum fricile şi să fiu blând cu ele, în loc să le proiectez asupra partenerului? Sunt dispus să comunic sincer şi să-mi păstrez inima şi mintea deschisă?

Dedică-ţi un timp în care să te gândeşti şi să meditezi asupra celor *11 reguli de bază pentru crearea unei relaţii minunate* şi asupra celor *patru întrebări esenţiale.* Scrie în jurnal despre tipul de relaţie pe care vrei să-l creezi cu actualul sau cu viitorul partener. Ţine seama de cât eşti de dispus, capabil şi de pregătit să începi această relaţie. Ce mai trebuie să vindeci la tine, astfel încât relaţia să se transforme sau ca să atragi relaţia pe care ţi-o doreşti?

Pasul 11

Urmează-ți inima

OBIECTIV:

Găsește-ți direcția lăuntrică și trăiește în curgerea Universului.

STRATEGIE:

Fii vesel. Rămâi în momentul prezent.

Îndreptându-te dinspre cap către inimă

În trecut, se poate să fi trăit în principal în sfera capului, încercând să înţelegi totul prin intelect. Fără îndoială că acest lucru ţi-a fost de folos în găsirea informaţiilor şi în rezolvarea problemelor, dar nu te-a ajutat şi să înveţi să te iubeşti sau să-ţi îmbunătăţeşti relaţia cu ceilalţi. Pentru a face aceasta, era nevoie de altceva.

Aveai nevoie să ajungi la inima ta, să-ţi simţi sentimentele şi să-ţi accepţi întreaga existenţă. Aveai nevoie să-ţi creezi un spaţiu al compasiunii. Aveai nevoie să-ți construieşti templul interior, unde să poţi sta în linişte şi să te conectezi la intuiţia şi la călăuzitorul tău lăuntric. Aveai nevoie să te împrieteneşti cu copilul tău lăuntric şi să înveţi să-l iubeşti şi să-l accepţi. Aveai nevoie să înveţi să-ţi priveşti judecăţile cu compasiune şi să vezi – fără a te pedepsi – toate căile prin care ţi-ai cedat puterea şi te-ai trădat pe tine însuţi. Aveai nevoie să-ţi iei puterea înapoi şi să ajungi să te ierţi pe tine şi pe ceilalţi.

Această pregătire era necesară pentru a ajunge la *a treia fază* din această lucrare. Acum, aflându-te în inima ta, înveţi să laşi în urmă drama lumii şi să asculţi vocea, încă slabă, din interior. Pe măsură ce înveţi să te încrezi în ceea ce auzi şi să acţionezi în consecinţă, ajungi treptat dincolo de structura ego-ului şi de fricile care îi dau forţă.

Un mod de viaţă diferit

Toată această muncă de vindecare duce la un mod de viaţă diferit, care se manifestă din interior către exterior. Are propria sa rezonanţă şi armonie. Liniştea din conştienţa ta devine liniştea din relaţiile tale. Iubirea faţă de tine devine, fără efort, iubire faţă de ceilalţi. Integrarea umbrei devine compasiune pentru copiii răniţi ai acestei lumi, care sunt motivaţi de frică şi conduşi de sentimente de nesiguranţă şi de lipsă de respect pentru sine.

Iisus ne-a spus că avem nevoie de burdufuri noi pentru vinul cel nou.* Aşadar, trebuie să aruncăm vinul vechi şi să reciclăm vechiul recipient. Vinul nou necesită un recipient nou. Iubirea şi acceptarea creează o nouă conştienţă. Acea conştienţă este noul recipient. Ea ne păstrează experienţele în îmbrăţişarea sa blândă.

Noul recipient e creat prin unirea capului cu inima, a raţiunii cu intelectul, a masculinului cu femininul, a luminii

* Cf. *Matei* 9, 17. (n. tr.)

cu întunericul, a smereniei cu transcendenţa. Acesta sintetizează contrariile şi îşi extrage putere din ambele părţi.

O viaţă integrată este foarte diferită de o viaţă polarizată. O viaţă polarizată este reactivă şi volatilă. Proiecţia şi atacul sunt de nestăpânit. Drama este extremă. Dar o viaţă integrată este liniştită şi senină. Toate judecăţile sunt scoase la lumină şi aşezate pe o masă unde sunt învăluite de iubire şi compasiune. Nu este loc, aici, de prea multă dramă.

Într-o viaţă integrată, eşti atât martorul, cât şi participantul. Priveşti înăuntru şi te observi în afară. Ştii că tot ceea ce vezi este doar o sumă de informaţii despre tine. Câteodată, pare să fie despre tine, dar asta e doar o aparenţă. Tot ce gândeşti, simţi, spui sau faci îţi aparţine. Ceilalţi doar îţi ţin în faţă o oglindă, ca să vezi acele părţi din tine pe care nu ai vrut să le priveşti până acum. Pacea lăuntrică devine pentru tine o realitate pe măsură ce înveţi să priveşti şi să-ţi accepţi întreaga experienţă. Poţi să vezi că nicio parte din tine nu este rea sau malefică. Este vorba doar despre părţi care nu au fost încă iubite. Iar acum ai abilităţile necesare pentru a le aduce iubire tuturor părţilor din tine.

Nu vei mai întâlni niciun duşman în lume, fiindcă nu mai ai niciun duşman în interior. Toţi oamenii pe care îi întâlneşti îţi sunt fraţi în mod egal. Şi ei au aceleaşi frici, aceleaşi bucurii, simt aceleaşi dureri şi aceeaşi fericire ca şi tine. Chiar dacă au o culoare a pielii diferită sau aparţin unei religii diferite, şi ei sunt oameni, ca şi tine. Ştiind acest lucru, nu mai eşti ameninţat de diferenţe. Înveţi să-i iubeşti şi să-i accepţi pe oameni aşa cum sunt.

A trăi în curgerea Universului

În trecut, poate că deciziile tale au fost dominate de frică. Dar acum situaţia s-a schimbat, deoarece ştii cum să-ţi stăpâneşti frica, prin compasiune. Eşti mai răbdător cu tine şi cu ceilalţi. Nu mai vorbeşti şi nu mai acţionezi într-o manieră impulsivă sau irascibilă. Înveţi să te acordezi la ceea ce este necesar în fiecare situaţie, vorbind şi acţionând atunci când simţi că este just să o faci şi abţinându-te să vorbeşti sau să acţionezi atunci când simţi că nu este momentul.

Viaţa ta începe să se simplifice. Dacă înlături presiunea, simţi mai puţină anxietate, mai puţină nevoie de a repara sau de a controla. Lucrurile încep să se întâmple fără efort. De îndată ce devii conştient de o necesitate legitimă, vezi cum Universul o îndeplineşte cu eleganţă. Treptat, înţelegi că, atunci când ai încredere, fluxul abundenţei intră în viaţa ta şi te ajută să te îndrepţi către pasul următor, chiar dacă nu ştii care este acesta.

De obicei, aveai nevoie să ştii totul dinainte, pentru a-ţi putea planifica viaţa. Acum, ştii că toate acestea sunt inutile. Când lucrurile ajung să se întâmple, planul tău va fi deja irelevant. Aşadar, înveţi să fii prezent, cu inima şi mintea deschise. Ai încredere că, atunci când e nevoie să ştii ceva, ţi se va spune. Şi mai vezi că acest lucru se tot repetă. În modul său bizar, este ceva pe care te poţi bizui.

Pe măsură ce renunţi la nevoia de a desluşi totul, în viaţa ta începe să-şi facă loc o stare de graţie. Dacă ai nevoie de un plan, îţi vei concepe unul flexibil, cu multe opţiuni. Treaba ta nu este să-ţi impui voinţa asupra vieţii, ci să cooperezi cu viaţa, pentru ca atât nevoile tale, cât şi ale celorlalţi să fie împlinite.

Chiar şi atunci când îţi fixezi un obiectiv, nu ştii cum îl vei îndeplini. Nu ştii dacă vei merge pe jos, dacă vei lua maşina sau avionul. Nu ştii când vei ajunge, nici ce fel de aventuri te aşteaptă de-a lungul drumului. Dar ai încredere şi mergi mai departe, aşa cum poţi tu. Pui un picior înaintea celuilalt şi, cumva, lucrurile încep să se realizeze. Scopurile sunt atinse, ba chiar depăşite. Şi chiar nu ştii cum ai făcut-o!

A nu şti devine o cale adevărată către divin. Îţi determini mintea să renunţe la nevoia de a şti „cum“, „de ce“, „când“ sau „unde“ şi, pur şi simplu, eşti prezent, când şi unde poţi. Faci tot ceea ce poţi şi ai încredere că va fi de ajuns. Când faci lucrurile cum poţi tu mai bine este întotdeauna cum nu se poate mai bine, pentru că tu însuţi eşti cum nu se poate mai bine. Totul se desfăşoară foarte frumos, fără să fii nevoit să te forţezi sau să-i forţezi pe ceilalţi.

Aceasta este Marea Cale a lui Tao. Este Marele Râu, care curge la vale. Nu e nevoie să forţezi curgerea. Trebuie doar să te arunci în ea sau să te dai la o parte. Este absurd să te gândeşti că sarcina ta ar fi să „înveţi râul“ cum să curgă. Este mai bine să fii răbdător şi smerit şi să laşi râul să te înveţe pe tine.

Nu există un maestru mai bun decât viaţa însăşi. Iar tu poţi fi un discipol minunat numai prin faptul că îţi păstrezi inima şi mintea deschise. Nu trebuie să hotărăşti dinainte ce se va întâmpla sau ce înţeles vor avea lucrurile. Acesta este doar un joc pe care îl joacă ego-ul din cauză că îi e teamă că nevoile sale nu vor fi satisfăcute. Dar tu ştii că există o cale mai bună pentru a-ţi satisface nevoile.

Şi te rogi aşa: *Doamne, fă-mă un instrument al voinţei Tale. Fie ca voinţa mea şi Voinţa Ta să fie una şi aceeaşi. Dă-mi încredere că vei fi alături de mine, îndrumându-mi cuvintele şi acţiunile, ajutându-mă să merg pe calea cea dreaptă.*

Nu există perfecţiune în lume, dar există perfecţiune în iubire, iar căile iubirii sunt nemăsurat de frumoase. În iubire, toate lucrurile sunt întregi şi desăvârşite. În iubire, Tatăl şi Fiul sunt una, iar sinele adevărat păşeşte în lume cu bunătate şi strălucire.

Viaţa sinelui adevărat în lume

Adevăratul Sine acţionează în lume cu bucurie, entuziasm şi exuberanţă. Dorinţa sa este să dăruiască fără a se gândi la răsplată şi să se exprime pe sine liber şi deplin. Cuvintele sinelui adevărat sunt sincere şi adevărate, iar acţiunile sale sunt în acord cu cine eşti tu, la cel mai profund nivel.

Sinele adevărat face fapte mari în această lume, fără efort sau încordare. El acţionează astfel deoarece este îndrumat din interior, de către Spirit.

Desigur că toate acestea nu se pot întâmpla atât timp cât tu trăieşti o viaţă egoistă, condiţionată de rănile tale. În acest caz, voinţa universală şi voinţa ego-ului vor fi în dezacord. Nu te vei mai alătura curgerii Universului. Vei înota împotriva curentului. Te vei lupta şi te vei sacrifica. Dacă, însă, îţi laşi mica ta voinţă să fie condusă de marea voinţă universală, dacă nu îţi mai doreşti doar ceea ce îţi foloseşte într-un mod egoist şi începi să doreşti ceea ce le este tuturor de folos, în mod egal, are loc o mare schimbare energetică. Acum, Universul stă alături de tine şi te susţine, te sprijină şi te împinge să mergi mai departe. Râul te poartă la vale.

Începi să iei parte la abundenţa Universului. Devii un vas gol, un instrument al păcii şi al iubirii, aşa cum l-a numit Sf. Francisc. Începi un dialog cu divinul în care:

- oferi disponibilitate, iar aceasta se adânceşte şi devine încredere;
- oferi speranţă, iar aceasta se adânceşte şi devine credinţă;
- oferi acceptare, iar aceasta se adânceşte şi devine renunţare;
- oferi recunoştinţă pentru darurile pe care le-ai primit, iar ţie îţi sunt oferite daruri şi mai mari.

Spiritul lăuntric te îndrumă să treci prin uşile deschise. Oamenii pe care ai nevoie să-i întâlneşti îţi ies în cale. Resursele de care ai nevoie apar exact atunci când ai nevoie de ele. Trăieşti într-o stare de bucurie care devine contagioasă şi benefică pentru toţi cei care o întâlnesc, pentru că înfăptuieşti numai ceea ce este în armonie cu nevoia inimii tale. Trăind cu bucurie în prezent, înlături limitările minţii, care te înlănţuie şi îţi re-creează suferinţa. Acum, că trăieşti din inimă, devin posibile noi deznodăminte.

12 practici care te vor ajuta să menții iubirea în viaţa ta

1. Ai încredere în proces (chiar şi atunci când nu ştii încotro te îndreaptă).
2. Trăieşte în prezent (nu în trecut sau în viitor).
3. Lasă lucrurile să fie aşa cum sunt. Abţine-te să acţionezi, în afara cazului în care eşti îndrumat să o faci.
4. Păstrează tăcerea. Abţine-te să vorbeşti, în afara cazului în care eşti inspirat să o faci.
5. Nu rămâne blocat în sfera capului. Împacă-te cu faptul de *a nu şti*.
6. Rămâi în sfera inimii şi aminteşte-ţi să respiri.
7. Cultivă-ţi intuiţia. Ai încredere în cunoaşterea lăuntrică.
8. Rămâi conectat la sinele esenţial (centrul tău de linişte).
9. Adu iubire atunci când este nevoie (oricând apare frica).
10. Renunţă la judecăţi, la planurile făcute de ego şi la alte gânduri sau acţiuni motivate de frică.
11. Abţine-te să forţezi lucrurile. Permite-le lucrurilor să se desfăşoare natural, fără presiune.

12. Relaxează-te, predă-te şi renunţă la nevoia de control.

A trăi în iubire

A trăi în iubire înseamnă să aduci iubire în viaţa ta şi a celorlalţi. Este chiar atât de simplu. Când aduci iubire, iubirea se întoarce la tine, pentru că iubirea se creează pe sine. Aceasta este legea resurselor şi a abundenţei:

- Mai întâi, îţi oferi ţie însuţi iubire.
- După aceea, îţi extinzi iubirea şi asupra celorlalţi.
- Apoi primeşti, la rândul tău, iubire.

Acest ciclu se repetă la nesfârşit. Odată ce iubirea răspunde chemării la iubire, ceea ce rămâne este doar iubirea. Plânsul copilului rănit este liniştit şi împăcat, iar pacea va domni din nou în inima şi în mintea noastră.

Întrebări esenţiale

- Pot să rămân în sfera inimii şi să trăiesc în momentul prezent?
- Pot să mă detaşez de trecut şi de viitor?
- Pot să renunţ la nevoia de a controla sau de a şti ce se va întâmpla?
- Pot să am încredere şi să-i permit vieţii să se desfăşoare în mod natural şi spontan?
- Pot să fiu fericit şi pozitiv şi să înţeleg că totul se petrece spre binele tuturor?
- Înţeleg că nu trebuie să îndrept nimic la mine sau la ceilalţi?
- Pot să fiu liniştit şi răbdător şi să conştientizez abundenţa ce curge mereu prin viaţa mea?

Rugăciune de măiestrie spirituală

Mulţi oameni au considerat că Rugăciunea de măiestrie spirituală este de folos pentru a învăţa să te laşi în voia Spiritului lăuntric. Sunt bucuros să o pot împărtăşi aici.

Dumnezeule Mamă/Tată:

Ajută-mă să simt că sunt una cu tine şi că sunt egalul fraţilor mei. Ajută-mă să-mi identific judecăţile şi să caut îndreptarea în interior. Ajută-mă să renunţ la ruşine şi învinovăţire şi să învăţ din greşeli, pentru a nu le repeta.

Ajută-mă să mă îngrijesc de trupul meu, de familia, de comunitatea şi de planeta mea. Ajută-mă să creez ceea ce este spre binele meu cel mai înalt şi spre binele cel mai înalt al celorlalţi.

Ajută-mă să fiu responsabil pentru creaţiile mele. Ajută-mă să renunţ la conştienţa de victimă şi să înţeleg că sunt o persoană puternică, cu multe opţiuni creative. Ajută-mă să mă afirm într-un mod iubitor, fără să-i atac pe ceilalţi sau să caut să influenţez alegerile pe care trebuie să le facă ei. Ajută-mă să le ofer celorlalţi libertate, pentru a primi şi eu libertate, la rândul meu.

Ajută-mă să mă îndrept cu compasiune către cei care suferă, care se află în necaz, sub presiune sau sunt limitaţi în orice fel şi să le ofer speranţă şi încurajare. Lasă ca inima mea să se deschidă către ei. Lasă ca ochii mei să vadă dincolo de comportamentul lor, care este motivat de frică şi desconsiderare de sine.

Fie să le ofer celorlalţi şi mie însumi iubirea necondiţionată şi acceptarea pe care mi le oferi Tu mie.

Ajută-mă să-mi stăpânesc aptitudinile şi talentele, pentru a le pune în serviciul Tău şi pentru a-mi împlini menirea de aici.

Ajută-mă să intru în rolul pe care mi l-ai pregătit, pentru a-i inspira şi a le da forţă celorlalţi.

Ajută-mă să am încredere în darurile mele şi să le ofer în lume, fără a aştepta ceva în schimb, oricând apare o ocazie.

Ajută-mă să dăruiesc liber şi să iubesc liber, predându-ţi Ţie rezultatul. Ajută-mă să renunţ la nevoia de control, ca să trăiesc cu graţie Divină şi cu spontaneitate.

Ajută-mă să-mi înţeleg şi să-mi vindec rănile, pentru a nu îndepărta iubirea sau a-i interzice prezenţa în inima şi în relaţiile mele.

Ajută-mă să mă liniştesc şi să devin vulnerabil. Ajută-mă să învăţ să cer ajutorul şi să am încredere în ajutorul pe care mi-l oferi.

Ajută-mă să vindec trecutul, pentru a putea să păşesc deplin în prezent. Ajută-mă să devin o uşă deschisă pentru vindecarea celorlalţi şi lasă-mă să păşesc, plin de curaj, prin uşa care a fost deschisă pentru mine.

Ajută-mă să renunţ la tot ce este fals şi să mă ancorez în ceea ce este adevărat, cu fermitate şi convingere.

Ajută-mă să fac ceea ce spun, să ascult cu atenţie şi să vorbesc doar dacă am ceva bun de spus. Ajută-mă să înţeleg că Prietenul este mereu alături de mine şi că singura mea menire este să fiu un Prieten pentru ceilalţi.

Ajută-mă să mă detaşez de renume şi faimă şi să renunţ la toate formele de autoritate exterioară, pentru a putea fi îndrumat de către autoritatea din interior.

Ajută-mă să ştiu, oriunde şi oricând, că binele cel mai înalt al celorlalţi este şi va fi întotdeauna şi binele meu cel mai înalt.

Fie ca tot ce mă desparte de ceilalţi să dispară, ca eu să pot recunoaşte Sinele Unic în toate fiinţele. Ajută-mă să-mi săvârşesc lucrarea pe pământ, cu grijă şi smerenie, pentru ca, după îndeplinirea ei, să mă întorc la Tine.

Fie ca toate vălurile şi obstacolele care ne separă să se dizolve, pentru a mă afunda pe deplin în inima iubirii Tale.

Paul Ferrini

Pasul 12

Încurajează-i pe ceilalți să se trezească și să se vindece

OBIECTIV:

Fii un instrument al iubirii într-o lume a fricii.

STRATEGIE:

Așteaptă până te maturizezi. Renunță la ego-ul tău.

În momentul în care atingi un anumit punct în procesul tău de vindecare şi de transformare, eşti chemat să slujeşti şi să-ţi împărăţăşeşti lucrarea cu ceilalţi. Chemarea poate fi formală sau nu. Chiar nu contează. Ceea ce contează este ca paharul tău să fie plin şi că a venit vremea să împarţi cu cei din jur ceea ce ai învăţat.

După ce ţi-ai potolit setea, lasă-i şi pe alţii să bea din fântână. Ba chiar fii dispus să devii găleata care coboară până în fântână şi aduce apă la suprafaţă. Este un proces natural şi esenţial să le oferi şi altora ceea ce ai primit. Menţine energia în mişcare. Permite ca darul să le fie oferit celor care au nevoie de el.

Oricine poate fi un instrument al Divinului, în momentul în care primeşte înţelegere şi este pregătit să slujească. Uneori, acest lucru durează mult timp. Le spun mereu cursanților mei că sunt asemenea unor chifteluţe crude care au nevoie să mai fiarbă în sos înainte de a fi scoase afară şi servite. Mulţi dintre ei ar vrea să iasă afară înainte de a fi gata. Iar apoi, când alţii mănâncă din carnea lor, fac indigestie.

Nu poţi servi ceva înainte să fie gata. Trebuie să te coci mai întâi. Cu cât te coci mai mult, cu atât devii mai dulce şi mai gustos. Iisus ne-a spus că un pom bun se cunoaşte după roade.* La fel, cunoaştem un bun maestru după modul în care se comportă cu ceilalţi. Dacă este blând şi înţelegător, dacă este ferm atunci când trebuie, dar respectuos cu ceilalţi, dacă face ce spune şi pune în practică ceea ce predă, atunci ştim că este un maestru bun.

Dacă nu, trebuie să mai stea în sos şi să fiarbă mai mult. Dacă nu vrea să facă asta, este în regulă – va găsi un alt maestru sau o altă învăţătură.

Omizile care nu vor să stea destul în coconul lor nu se vor transforma în fluturi. Vindecătorii care încearcă să-i vindece pe ceilalţi înainte să-şi fi vindecat propriile răni devin vindecători răniţi. Li se va duce vestea. Oamenii vor cunoaşte pomul după roadele sale.

Când elevul este pregătit

Ai auzit expresia „Când elevul este pregătit, maestrul apare“. Şi opusul este la fel de valabil: când maestrul este pregătit, apare şi elevul.

---

* Cf. *Luca* 6, 44. (n. tr.)

La *Pasul 12* ţi se cere să le dai înapoi celorlalţi înţelegerea şi susţinerea pe care le-ai primit şi tu. Dacă ai prieteni, colegi sau oameni în comunitatea ta care ar aprecia această lucrare, începe să organizezi un grup de studiu. Participă la cursurile noastre intensive, astfel încât să primeşti un certificat pentru a face această lucrare cu ceilalţi. Diferitele tipuri de certificate pe care le oferim sunt descrise pe website-ul meu: www.paulferrini.com.

Chiar dacă nu simţi nevoia să împărtăşeşti această lucrare în mod oficial, vor apărea şi ocazii mai puţin oficiale. Oamenii vor observa că te afli într-un proces de vindecare şi vor vrea să afle mai multe despre el. Să nu-ţi fie frică să le împărtăşeşti rezultatele obţinute.

Partea frumoasă la această Hartă către vindecare şi transformare constă în faptul că este cu adevărat universală. Toţi oamenii pe care îi cunoşti trec printr-unul sau mai multe stadii ale procesului de vindecare, pe care tocmai l-ai învăţat.

Pe măsură ce le împărtăşeşti şi celorlalţi procesul tău de vindecare, propriul proces de învăţare se adânceşte şi se intensifică. Împărtăşirea a ceea ce ştii este, prin urmare, următorul pas, inevitabil, în călătoria de vindecare.

Poţi exemplifica cel mai bine această lucrare dacă li te adresezi celorlalţi ca unor fraţi sau ca unor surori. Recunoaşte-ţi slăbiciunile şi defectele omeneşti. Nu te ridica singur pe un piedestal, pretinzând că ai aptitudini deosebite. Scopul tău trebuie să fie să-i ajuţi pe ceilalţi să evolueze şi să se vindece, niciodată acela de a atrage atenţia asupra ta.

Învăţătorii au ce oferi abia când paharul lor este plin. Însă nimeni nu are întotdeauna paharul plin. Atunci când oferi foarte mult şi nu rămâi ancorat în practica ta spirituală, poţi simţi că eşti golit de puteri. Paharul se goleşte, iar cuvintele tale par a fi rostite în preajma unor surzi. Reproduci cuvintele, însă nu le poţi susţine prin emoţie.

Atunci îţi dai seama că trebuie să reumpli paharul. Este timpul să revii la practica ta spirituală şi să-ţi aprofundezi călătoria de vindecare. A sosit timpul să ai acele experienţe care să te pună la încercare şi care să-ţi ofere o nouă înţelegere asupra vieţii. După ce ţi-ai reîncărcat bateriile şi ţi-ai umplut paharul, poţi să începi iar să oferi.

Maestrul care nu-şi face timp să înveţe îşi va epuiza forţele. Vindecătorul care nu-şi face timp pentru propria vindecare devine un vindecător rănit.

Pe lângă epuizare, cel mai mare obstacol în împărtăşirea acestei lucrări este perfecţionismul. Oricât de mult ai încerca, nu vei reuşi să o împărtăşeşti perfect. Vei face greşeli şi vei învăţa din ele. Deci, nu te mai stresa! Fii smerit. Ai răbdare şi fii blând cu tine însuţi. Nu te agita şi nu încerca să faci prea mult. Rămâi centrat. Astfel îţi va fi mai uşor să faci ceea ce spui. Ţi se cere să predai, dar şi să exemplifici acea învăţătură. Nivelul tău de vindecare este demonstrat de modul în care interacţionezi şi îi tratezi pe ceilalţi.

Nu încerca să fii guru-ul nimănui. Nu le vorbi celorlalţi ca un dictator, într-un mod arogant şi moralist. Căci ai acţiona în contradicţie directă cu legea spirituală a egalităţii, pe care se bazează această învăţătură.

Când le vorbeşti celorlalţi despre această lucrare, fii autentic. Fii real. Nu purta o mască spirituală. Nu faci lucrarea pentru a străluci pe socoteala altora, ci pentru a-i încuraja şi a-i inspira pe ceilalţi să evolueze, să se vindece şi să-şi arate propria lumină.

Un bun profesor nu se teme să-şi arate laturile omeneşti şi vulnerabilitatea. Îşi recunoaşte uşor greşelile şi are capacitatea să râdă de ele. Astfel, în sala de clasă sau în grup se creează o atmosferă relaxată, de iertare.

Una dintre căile prin care poţi crea o stare de siguranţă este să-ţi aminteşti în permanenţă, atât ţie, cât şi celorlalţi, că nu te afli într-un loc ca să încerci să salvezi, să îndrepţi sau să corectezi pe nimeni. Nu te oferi să vindeci, ci să creezi un spaţiu de siguranţă, unde se poate produce vindecarea ta şi a altora.

Atunci când devii profesor, ţi se intensifică procesul de învăţare. Dacă predai, nu te opreşti din învăţat. Înveţi la un nivel mai profund şi într-un ritm mult mai rapid. Elevul poate să-şi ascundă rufele murdare – profesorul, nu.

Casa ta de vindecare

Aşa cum li se întâmplă tuturor, tu nu te vindeci singur. Te vindeci alături de fraţii şi surorile tale. Cel mai eficient te vindeci în comunităţile de oameni care au acelaşi tip de răni ca tine. O astfel de comunitate poartă numele de Casa de vindecare. De exemplu, Alcoolici Anonimi reprezintă o astfel de Casă, la fel şi Supravieţuitorii abuzului sexual din copilărie. Există câte o Casă de vindecare pentru fiecare tip major de rană.

Dacă îţi găseşti propria Casă de vindecare, este ca şi cum ţi-ai găsi familia spirituală. Odată ce începi să comunici cu aceşti oameni, îţi dai seama cât de mult vă potriviţi. Oamenii sunt uimiţi de câte lucruri ai învăţat. Exemplul tău le dă speranţă. Înţeleg că şi ei se pot vindeca, aşa cum ai făcut-o tu. Se simt inspiraţi, încurajaţi şi susţinuţi. Privind înapoi, îţi dai seama că suferinţa şi călătoria ta de vindecare, uneori lungă şi dificilă, au avut un scop. Te-au pregătit să-i poţi ajuta pe ceilalţi. Te-au pregătit să-ţi accepţi menirea.

Pe când în trecut făceai parte din cercul vicios al abuzului, care s-a extins de la strămoşi până la copiii şi nepoţii tăi, acum faci parte din cercul vindecării, care se extinde de la mentorii şi sponsorii tăi până la comunitatea în care slujeşti. Este un rol sfânt şi privilegiat, acela de a pregăti pentru ceilalţi spaţiul de vindecare, aşa cum ţi-a fost oferit şi ţie.

A sosit timpul să dai fără să ai aşteptări în schimb. Să dai pentru că ai ceva de dăruit şi pentru că există în oraşul tău oameni care au nevoie de darurile tale. Nu faci acest lucru pentru a primi un premiu sau pentru a-ţi îmbunătăţi imaginea socială. O faci fiindcă există o necesitate pe care o poţi îndeplini, fiindcă există o inimă ce aşteaptă bunătatea ta, fiindcă există un frate sau o soră care se va lăsa bătut dacă nu-i răspunzi la strigătul de ajutor.

Poţi da, aşa cum ai primit. Şi, pe măsură ce dai, primeşti tot mai multă vindecare. Cercul este acum închis. Dar nu este limitat. Se extinde de la inima ta la inima inimilor tuturor celor care au nevoie de darul pe care îl ai de oferit.

Şapte gânduri spirituale

Lucrul cu cele *şapte gânduri spirituale* te va ajuta să oferi din inimă ceea ce vrei să le împărtăşeşti celorlalţi. Te va ajuta să nu renunţi la practica ta spirituală, astfel încât paharul tău să rămână plin. Îţi recomand să le rosteşti cu voce tare, pentru a avea un impact mai eficient.

1. Ştiu că toată lumea merită să fie iubită, întotdeauna.
2. Menirea mea este de a aduce iubire, aşa cum cere fiecare situaţie.
3. Îmi accept egalitatea spirituală cu toate fiinţele.
4. Înţeleg că judecăţile mele sunt o iluzie şi că nu sunt niciodată justificate. Toate judecăţile şi abuzurile se nasc din frică.
5. În momentul în care frica pune stăpânire pe mine, o recunosc drept ceea ce este şi o tratez cu compasiune. Văd caracterul distorsionat al tuturor gândurilor, cuvintelor sau actelor bazate pe frică şi mă abţin să mă condamn pe mine însumi sau să-i condamn pe ceilalţi.

6. Îmi asum responsabilitatea pentru tot ceea ce gândesc, simt, spun sau fac. Mă abţin de la gândurile, sentimentele, cuvintele sau acţiunile neplăcute ori nedrepte faţă de mine şi faţă de ceilalţi.
7. Iubirea aduce pace, bucurie şi împlinire. Lipsa de iubire aduce suferinţă, tristeţe şi lipsă de împlinire. Pot alege în orice moment să ofer iubirea, nu să o reţin.

Întrebări esenţiale

- În ce fel mă împiedică perfecţionismul să-mi încep activitatea de slujire?
- Îmi împart călătoria cu ceilalţi într-un mod autentic şi plin de iubire sau port o mască spirituală şi mă ridic singur pe un piedestal?
- Sunt smerit şi răbdător sau am mari aşteptări şi pun o mare presiune asupra mea şi asupra celorlalţi?
- Care este cel mai mare dar pe care îl pot împărtăşi cu ceilalţi?
- Care este cea mai mare lecţie sau experienţă de vindecare pe care am avut-o în viaţă?
- Ce obstacole am depăşit, ce probleme am înfruntat care ar putea să-i inspire pe alţii?
- Sunt pregătit să-i ajut pe ceilalţi ca să se vindece şi să-şi asume puterea sau am nevoie de mai mult timp pentru propria vindecare?
- Ce daruri am de dat şi ce grup de oameni vreau să ajut?
- Am ajuns să fac ceva pentru cei din Casa mea de vindecare?
- Dacă nu, vreau să le ofer acestor oameni, ca prim pas, un Grup de afinitate? (Vezi cărţile mele *Cheile Împărăţiei* şi *A trăi în inimă,* pentru mai multe informaţii despre Grupul de afinitate.)

Epilog
Sfârşitul este doar un început

Workshopul nostru *Adevărata fericire* acoperă materialul prezentat în această carte într-un mod intensiv, practic. Este oferit pe parcursul a trei weekenduri. Oamenii care participă la acest workshop au multe realizări şi trăiesc un puternic sentiment de comunitate.

Unii vin la workshop aşteptând ca lucrarea lor să se încheie în ultimul weekend, însă, când vine acel moment, devine limpede că, în multe privinţe, lucrarea lor abia începe. Vindecarea de sine este o activitate profundă. Nu se produce în doar câteva zile sau săptămâni. Însă zilele şi săptămânile sunt foarte importante. La cele trei cursuri intensive *Adevărata fericire*, înveţi întreaga *Hartă pentru vindecare şi transformare*. Înţelegi punctul în care te-ai aflat, cel în care te afli şi unde trebuie să ajungi. Devii conştient de dimensiunile lucrării şi de ceea ce ţi se cere să faci.

Şi lectura acestei cărţi îţi oferă Harta pentru călătorie. Însă nu-ţi garantează că te vei devota călătoriei şi că o vei parcurge. Ştiu din experienţă că majoritatea oamenilor întâmpină dificultăţi în parcurgerea procesului de vindecare dacă nu au parte de sprijinul unei comunităţi de transformare. De aceea, te încurajăm să vii şi să experimentezi în persoană această lucrare.

Este posibil să fie nevoie doar de citirea acestei cărţi pentru a porni procesul de vindecare. Dacă ţi se întâmplă aşa ceva, înţelege că eşti chemat către o lucrare mai profundă. Ai curaj şi fă următorul pas. Trimite-ne un e-mail sau sună-ne, pentru a afla mai multe despre următorul curs intensiv *Adevărata fericire* sau următorul retreat *Stăpânirea artei spirituale*.

Ascultă-ţi chemarea inimii şi ai încredere în ea. Vino şi aprofundează procesul, alături de alţi oameni. Trezeşte-te şi dă-ţi puterea de a te vindeca. Dacă eşti inspirat să o faci, devino profesor şi predă-le lucrarea şi celorlalţi. Lucrarea merge înainte doar prin intermediul celor care o fac. Este esenţialmente practică. Profesorii noştri nu numai că înţeleg conceptele, dar le şi trăiesc şi le exemplifică. Fac ceea ce spun.

Abia aştept să te întâlnesc la unul dintre retreaturile sau workshopurile mele.

Namaste,
Paul Ferrini

Cheile Împărăției

8 practici spirituale
ce îți vor transforma viața

Introducere

„Împărăția Cerurilor se află înăuntrul vostru."*

Iisus

În viață, furtunile vin și pleacă. De acest lucru putem fi siguri. Persoana înțeleaptă nu așteaptă să-i pice norocul din cer. Nu trăiește cu frica furtunii, ci se pregătește să o întâmpine oricând ar veni.

Există câteva adevăruri spirituale simple ce ne pot ajuta să facem față valurilor vieții. Nu sunt nici ezoterice, nici complicate. Ne-ar face bine să înțelegem aceste adevăruri și să le transmitem mai departe această cunoaștere și copiilor noștri. Va fi un timp când poate unul dintre aceste adevăruri simple și practica ce-l însoțește ne vor salva viața sau vor salva viața unei persoane dragi.

Se știe prea bine că secretul vieții este să înveți să te iubești și să te respecți pe tine însuți. Dacă poți face acest lucru, vei învăța să-i iubești și să-i respecți și pe cei din jur. Îți poți găsi adevăratele daruri și pasiunea în viață. Poți să începi să nu te mai trădezi pe tine însuți și să le cedezi altora puterea ta. Poți trăi o viață plină de creativitate, grație și sens.

---

* Cf. *Luca* 17, 21. (n. tr.)

Practicile din această carte te vor ajuta să faci acest lucru. Le-am enunțat simplu și clar, în așa fel încât să le poți folosi pe loc.

Pentru început, citește întreaga carte, astfel încât să înțelegi toate conceptele. Apoi, recitește primul capitol și fă exercițiul prezentat acolo, în fiecare zi, timp de o săptămână. Lasă acest simplu adevăr să lucreze în viața ta și vei începe să vezi rezultate. Apoi, treci la următorul capitol.

Dacă vrei să aprofundezi cartea, dedică-i fiecărui capitol mai multe săptămâni sau chiar o lună întreagă. După ce ai parcurs toate capitolele și partea practică, vei deține Cheile Împărăției și le vei folosi în mod activ. Vei ști tot ce trebuie să știi pentru a fi fericit și împăcat cu tine însuți și cu ceilalți. Singura ta muncă va fi să practici ceea ce știi.

Dacă înveți mai bine în compania altora, inițiază un Grup de practică Cheile Împărăției și împărtășește cu ați oameni experiențele avute. Folosește Regulile de bază pentru Procedeul de Afinitate, din Anexele de la sfârșitul cărții, pentru a crea un spațiu de siguranță unde oamenii își pot împărtăși experiențele personale. Ajutați-vă unii pe alții să aduceți aceste concepte și practici spirituale în viața de zi cu zi. Vă puteți întâlni oricât de des, deși cel mai indicat ar fi să vă vedeți o dată pe săptămână sau o dată la două săptămâni. Dacă se poate, începeți grupul pe Lună nouă sau la scurt timp după Luna nouă, astfel încât să începeți cu o viziune și o energie nouă. Consultați, vă rog, Anexele pentru afla mai multe informații despre acest lucru.

Oricât de mult sprijin ai avea, uneori vei uita să faci practica. Se poate să fie într-o perioadă din viața ta când ai parte de multe încercări și suferințe. Așa îți vei da seama că ai uitat. Dar nu fi prea dur cu tine însuți. Doar reînnoiește-ți angajamentul de a practica ceea ce înveți. Suferința este un apel la trezire. Te anunță că ai adormit sau că nu mai ești conștient. Suferința te îndeamnă să-ți rearmonizezi viața cu adevărul din interior, iar apoi cu cel din exterior.

Iisus ne-a spus că Împărăția Cerurilor se află înăuntrul nostru. Mereu uităm acest lucru. Căutăm tot timpul iubirea și fericirea în afara noastră. Iar această căutare nu dă niciodată rezultate. Când se întâmplă acest lucru, credem că este ceva în neregulă cu noi, că avem defecte. Toată nesiguranța și judecarea de sine iese la suprafață.

Suntem duri cu noi înșine. Suntem duri cu partenerii și cu copiii noștri. Învinuim și arătăm cu degetul, atacăm și ne apărăm. Ne lăsăm absorbiți de dramă. Nu este ceva plăcut. Atunci când uităm cine suntem, nu putem fi binevoitori cu noi și cu ceilalți.

Trebuie să ne întoarcem Acasă. Împărăția se află în interior, nu în exterior. Trebuie să învățăm să găsim iubirea în inima noastră. Abia după aceea o putem scoate în lume. Dar dacă încercăm să o aducem în lume înainte să fie bine cunoscută în inima și mintea noastră, vom provoca o mare dezordine.

Privește la lumea din jur și îi vei vedea atât dramele, cât și dezordinea. Sunt atât de omniprezente, atât de variate, încât știi că nu pot fi schimbate cu ușurință. Dacă vrei să le schimbi, trebuie să începi din interior. O minte dezordonată și care judecă dă naștere unei lumi dezordonate și neîndurătoare. O inimă rănită și închisă dă naștere unei lumi lipsite de iubire. Aceste lucruri nu pot fi schimbate, sub nicio formă, în exterior. Schimbarea trebuie să vină din interior.

Când inima se vindecă, și lumea se vindecă odată cu ea. Dacă nu crezi acest lucru, încearcă și vezi. Vindecă-ți inima și observă cum lumea în care trăiești se schimbă.

Asta te ajută această carte să faci.

Încă un ultim sfat. Am scris această carte ca ajutor pentru amândoi. Știu că dă rezultate dacă suntem dispuși să lucrăm cu ea. De aceea, vreau să te întreb: ești pregătit și dispus să lucrezi cu ea? Această carte nu este o piesă de decor. Este o unealtă practică. Este ca un ciocan. Este inutilă dacă nu o folosești niciodată.

Este un fapt existențial că toți avem viața pe care ne-o dorim. Dacă nu ți-ai dori viața pe care o ai, n-ai avea-o. De îndată ce spui „Nu mai vreau să trăiesc așa", începi procesul de transformare. Însă trebuie susținut și prin fapte. Cuvintele nu sunt de ajuns pentru a schimba vechile obiceiuri.

Cartea de față este un instrument menit să-ți încapă în mână, astfel încât să nu eziți să-l folosești.

Folosește, te rog, cheile din această carte pentru a deschide ușile din viața ta. Ia-le cu tine peste tot. Folosește-le cât de des posibil. Te vor ajuta să-ți transformi existența. Frica va dispărea, făcând loc strălucirii iubirii necondiționate. Odată cu tine, și ceilalți oameni din jurul tău se vor trezi și vor conștientiza cine sunt ei cu adevărat.

Pentru inima iubitoare nu poate exista o lume plină de frică. Iubirea schimbă totul. De aceea dă rezultate. Fă ceea ce ține de tine să faci și vei vedea singur acest lucru.

Îți doresc numai bine!

Paul Ferrini

Roata terapeutică
Mandala transformării

REZULTAT ÎNLESNIT:

Valoare de sine, acceptare de sine,
conectare la iubire

MANDALA/ ROATA TERAPEUTICĂ

Direcție: Nord

Ciclu solar: Solstițiul de iarnă (22 decembrie)
Ciclu lunar: Lună nouă

Ciclu cotidian: Miezul nopții (ora 00.00)

PROCES/STADIU:

Începutul

OBIECTIV ENERGETIC:

Pătrundere în interior, vizualizare

1

Iubește-te pe tine însuți

Întrebare transformațională:

Mă iubesc pe mine însumi chiar acum?

Ești ca o floare ce înflorește în deșert. În jurul tău, pământul este uscat, dar îți extragi totuși apă dintr-o sursă subterană. Înflorești pentru că respiri. Strălucești pentru că ești conectat la sursa iubirii și a vieții.

Einstein a spus că cea mai mare descoperire a sa a fost că Universul este prietenos. A fost felul său de a recunoaște o putere superioară ce ne susține în moduri pe care nu le putem cunoaște, oricât am încerca să înțelegem care ne este locul în Univers.

Toți am fost copii cândva și ne-am bizuit în mod natural pe părinții noștri pentru sprijin emoțional și material. Când devenim adulți, căutăm să primim aceeași iubire din partea partenerilor de viață și a prietenilor. Căutăm iubirea în exterior și contăm pe faptul că acolo o vom găsi. Din păcate, această strategie funcționează, în cel mai bun caz, pentru o perioadă scurtă de timp. Este o experiență temporară, nu una eternă. Are un început și un sfârșit. Iubirea oferită de ceilalți vine și pleacă. Nu e constantă. Când avem parte de ea, suntem fericiți. Când nu o mai primim, suntem triști. Ba câteodată simțim că ni s-a făcut un rău sau că am fost trădați.

Dar majoritatea iubirii primite din partea celorlalți este o iubire condiționată. Oamenii ne iubesc pentru că le satisfacem nevoile de moment. În momentul în care nu le mai satisfacem nevoile, sentimentele lor se schimbă și își îndreaptă afecțiunea în altă parte.

Bineînțeles că există și excepții. Există și oameni care ne iubesc în mod necondiționat, însă aceștia sunt rari în viața noastră. Pot să ne iubească astfel doar datorită faptului că au găsit sursa iubirii din interior.

Sursa iubirii

Sursa iubirii se află în adâncul nostru. Este ca un acvifer subteran ce hidratează plantele din deșert. Sursa există mereu. Își are sălașul în inima inimilor noastre, deși nu o remarcăm adesea. Este ca respirația. Respirația ne susține, însă nu știm de la ce sau de la cine ne este dată. Este un fel de schimb cu Universul, la care participăm în mod inconștient. Nici măcar nu suntem recunoscători pentru respirație, întrucât nu noi am solicitat-o și nu am făcut nimic să câștigăm dreptul de a respira. A venit, pur și simplu, odată cu trupul. Iar trupul în sine constituie un mister.

Noi doi suntem un mister. Nu știm de ce suntem aici sau cum am ajuns să existăm. Ne-a fost dat darul vieții, deși nu știm că este un dar. În zilele răcoroase, când vântul biciuiește deșertul, ne îndoim de faptul că această viață fragilă este un dar. În aerul rece de sub lumina înghețată a lunii ne simțim expuși și vulnerabili. Ne îndoim de faptul că Universul ar fi un loc prietenos. Nu suntem siguri că nevoile ne vor fi satisfăcute.

Toate acestea pleacă de la faptul că am căutat în exteriorul nostru iubire, alinare și acceptare. Și, după cum am mai spus, tot ceea ce vine din exterior este condiționat sau, dacă vrei, imprevizibil. Uneori este cald, alteori e răcoare. Uneori este secetă, iar alteori râurile se umflă de apa ploii și inundă împrejurimile.

Viața în deșert este înșelătoare. Este primejdioasă. Este incertă. Aproape că nu te poți bizui pe nimic. Același lucru poate fi spus și despre iubirea condiționată.

Dacă nu am cunoaște decât iubirea condiționată, experiența noastră de aici ar fi frustrantă. Visurile noastre ar fi mereu spulberate. Am putea crede chiar că trăim într-un univers crud și nemilos.

Dar, sub nivelul de suprafață al vieții, curge, în adâncime, un izvor. Este acea capacitate de a iubi pe care o avem cu toții – și care este extrem de minunată și de miraculoasă. Ființe înălțate precum Iisus și Buddha ne-au arătat-o. Același izvor ce i-a hrănit pe ei curge și în inimile noastre.

În această lume, inima pare a fi un călător singuratic, însă stă în natura ei să dea și să primească iubire. Noi doi ne aflăm aici ca să iubim. Aceasta este menirea și destinul nostru.

Ceea ce nu înțelegem noi este că iubirea începe și se sfârșește în conștiența noastră. Curge prin noi către ceilalți și revine tot la noi. Dacă nu ne oferim nouă înșine iubire, nu le-o putem oferi nici altora. Iar dacă așteptăm ca ceilalți să ne iubească primii, s-ar putea să așteptăm foarte mult.

Pentru a primi iubire, trebuie să o oferim. Și, ca să o oferim, trebuie să o primim. Aceasta este rețeta simplă.

A da și a primi

Majoritatea vrem să fim primii care primesc iubire; foarte puțini vrem să fim primii care o oferă. Ca să dai iubire, trebuie să o găsești mai întâi în tine însuți. Trebuie să-ți înfigi adânc rădăcinile. Trebuie să te afunzi în Sursă. Poate că meditezi. Poate că faci plimbări în pădure sau pe malul râului. Te liniștești cumva. Te deschizi cumva pentru a primi energia iubirii.

Într-un fel, îți deschizi inima așa cum îți deschizi gura pentru a primi aerul pe care îl respiri. Iar atunci când inima se deschide pentru a primi, oferă în mod automat iubire înapoi. Este făcută să dea și să primească, așa cum și plămânii sunt făcuți să inspire și să expire aer. Inima nu poate primi iubire fără să o dea înapoi.

Iubirea este un sistem circulator. Este asemenea sângelui ce intră și iese din inimă sau asemenea aerului care intră și iese din plămâni. Este o forță care se autosusține, se autoperpetuează. Odată ce te afli în curgerea iubirii, nu trebuie să te gândești la ea. Se întâmplă, pur și simplu, asemenea respirației.

Pentru majoritatea dintre noi, încercarea constă în a găsi o metodă prin care să localizăm Sursa de iubire din interiorul conștienței noastre. Acest lucru presupune să devenim conștienți de o prezență pe care nu am sesizat-o înainte.

A deveni conștient de iubire este ca atunci când devii conștient de propria respirație. Respiri, dar nu ești conștient de asta. Iubești, dar nu ești conștient de faptul că iubești.

Deci, îndreptă-ți atenția către inimă. Respiră prin inimă. Vei observa că devii mai puțin defensiv.

Îți dai jos armura emoțională. Îți dai voie să te relaxezi și să te simți în siguranță.

Îți aduci aminte că ești nevinovat și bun, exact așa cum ești. Te detensionezi și nu faci decât să respiri și să fii. Accepți și te bucuri de moment, exact așa cum este el. Ești recunoscător pentru respirație, ești recunoscător pentru darul vieții. Te deschizi către curgerea universului din tine și din jurul tău. Îți dai voie să te unești cu totul. Bineînțeles că nu poți fi cu adevărat deconectat de universul în care trăiești, dar poți să nu știi nimic despre legătura ta cu el. Nu poți fi deconectat de iubire, dar poți să nu știi nimic despre iubirea din interiorul tău.

Pe măsură ce stai în starea de nevinovăție și te relaxezi și respiri, devii tot mai conștient de legătura ta cu tot ceea ce există. Nu te mai simți separat. Nu te mai simți înstrăinat de tine însuți sau de oricine altcineva. Te cufunzi în râul iubirii.

Se afla aici dintotdeauna, dar nu ai fost conștient de el. Chiar și atunci când te plimbai pe malul iubirii, nu ai auzit râul cum îți vorbește, cum te dezmiardă, cum se bucură de prezența ta. Dar acum îl simți. Acum te scalzi în apa sa răcoroasă. Acum știi că ești mai mult decât credeai că ești.

Acum știi că faci parte din marea curgere a vieții, ce transcende conștiența ego-ului și te conectează la tot ceea ce este. Acum nu există nicio deosebire, nicio separare între tine și ceea ce este.

Sălășluiești în interiorul a tot ceea ce este, iar tot ceea ce este sălășluiește în tine. Mai mult decât atât, nu mai există *interior*.

Nu mai există mare și mic. Nu mai există limite între ființe. Chiar și a da și a primi nu mai sunt acte separate sau secvențiale, ci acte unite și simultane. Universul este absolut minunat, iar tu ești fascinant și extrem de frumos.

Pe măsură ce stai în spațiul tău de siguranță, mulțumit să fii tu însuți, respirând și făcând schimb de iubire cu tot ceea ce este, ajungi la revelația că esența ta este iubire.

Tu ești iubire. Nu poți fi altceva.

Tu ești iubire

În momentul în care accepți acest adevăr extraordinar despre tine însuți, viața ta începe să se transforme. Începi să înțelegi că fiecare întâlnire este sacră. Fiecare act și fiecare cuvânt rostit reprezintă o șansă de a da și de a primi iubire. Nu mai locuiești pe malul râului, ci chiar în albia sa. Iubirea curge prin tine, oriunde ai merge, orice ai face.

Acum cunoști adevărul. Știi cum să găsești râul iubirii din inimă și cum să te cufunzi în el. Știi că ești iubire și că orice altceva este o iluzie născută dintr-un fel de frică sau constrângere.

Da, știi, dar din când în când mai uiți. Te lași atras de zgomotul dizgrațios al lumii și nu poți auzi vocea râului care îți vorbește. Te simți separat de ceilalți. Devii furios, trist, nerăbdător. Te simți singur, neajutorat, descurajat, poate chiar deprimat. Poate că îți vine să te sinucizi.

Este în regulă. Așa se întâmplă când uiți cine ești. Așa se întâmplă când începi să cauți iubirea în afara ta în loc să o cauți în interior. Aici începe practica ta spirituală.

Practica spirituală

Primul exercițiu spiritual e simplu, dar foarte intens. Te invit să-l faci pe parcursul întregii zile. În momentul în care uiți cine ești și uiți de legătura ta cu Sursa iubirii, folosește această întrebare transformațională: „Mă iubesc pe mine însumi chiar acum?“

Lasă ca întrebarea să-ți pătrundă în adâncul sufletului și răspunde sincer. Dacă răspunsul este „da“, bucură-te de legătura ta cu tot ceea ce este și continuă extraordinarul proces de a da și de a primi iubire. Dacă răspunsul este „nu“, adu-ți aminte că te afli aici pentru a-ți oferi iubire atunci când simți că nu ești iubit. Ești aici pentru a-ți oferi acceptare atunci când te simți judecat sau respins. Ești aici pentru a te ierta când crezi că ai spus sau ai făcut ceva care ți-a dăunat sau care i-a lezat pe ceilalți. Ești aici pentru a aduce iubire, nu judecată. Ești aici pentru a te trata cu blândețe și compasiune, așa cum se poartă o mamă cu copilul ei, nu pentru a te condamna, pentru a te învinovăți sau pentru a-ți găsi vreun cusur.

Dacă nu te iubești pe tine însuți, întrebarea transformațională îți amintește că este nevoie de iubire și că numai tu poți s-o oferi. Tu ești cel care își influențează experiențele cu iubire. Nimeni altcineva. Alții te iubesc sau nu. Nu poți schimba cu nimic acest lucru. Nu poți depinde de ceilalți pentru iubire și acceptare. Tu însuți trebuie să le-o oferi. Tu ești cel care aduce iubirea. Lasă ca întrebarea să te pună în legătură cu principala responsabilitate pe care o ai în această întrupare. Tu ești cel care își influențează experiențele cu iubire. Nimeni altcineva.

Închide ochii și respiră adânc. Ascultă cum îți vorbesc apele râului. Lasă-te să te cufunzi în ele. Tu și râul nu sunteți separați. Tu ești râul. Tu ești Sursa iubirii. Tu ești mântuitorul. Tu ești cel care îl eliberează pe copilul rănit de deznădejde și autopedeapsă. Tu ești cel care strălucește.

Exersarea prezenței

Practica spirituală se desfășoară clipă de clipă. La un moment dat ne putem simți conectați la iubire, iar imediat după aceea ne simțim separați. Natura conștienței este sus și jos, înăuntru și în afară, conectat și deconectat. Trebuie să acceptăm acest lucru.

Dacă ne forțăm să rămânem conectați, exacerbăm experiența separării. Forțarea nu dă rezultate. Doar acceptarea dă rezultate. Acceptă tot ceea ce se întâmplă. Acceptă felul în care te simți. Atunci când accepți, aduci deja iubire în lume.

Atunci când nu accepți, când vrei ca lucrurile să fie altfel decât sunt, te adâncești în sentimentul de deconectare. Așadar, nu te opune experienței. Fii alături de ceea ce se întâmplă, cu compasiune. Dacă ești trist, rămâi alături de tristețea ta. Dacă ești furios, rămâi lângă furia ta.

Dacă ești singur, fii alături de singurătatea ta. A accepta și „a fi prezent alături de" sunt acte de iubire.

În momentul în care îți oferi iubire, nu te poți simți neiubit. Iubirea își răspunde singură. Ceea ce dai primești, iar ceea ce primești dai înapoi. Aceasta este extraordinara natură a iubirii.

De aceea este cea mai mare putere din Univers.

Atunci când uiți cine ești sau de ce te afli aici, folosește întrebarea transformațională pentru a-ți aduce aminte. Nu contează de câte ori uiți. Nu mai ține socoteala. Nu te mai critica. Nu te mai forța. Adu-te, cu blândețe, înapoi.

Practică iubirea de sine într-un mod plin de iubire. Dacă transformi practica iubirii într-o metodă prin care te autopedepsești, aceasta încetează să mai fie iubire. Ai răbdare și compasiune.

Reține că în tine se află un copilaș care crede că nu merită să fie iubit. Ia-l în brațe și spune-i că merită iubire.

Iubește-l pe cel rănit, pe cel care nu se crede vrednic de a primi iubire, iar valoarea de sine va apărea în mod natural. Iubirea aduce în sinea sa toate lucrurile, iar acolo acestea sunt schimbate pentru totdeauna. Atunci când cel neiubit îl întâlnește pe cel care aduce iubirea, în urma lor rămâne numai iubire.

Aceasta este certitudinea și măreția practicii. Funcționează mereu. Dar tot e nevoie de tine, ca să fii prezent și să faci lucrarea. Fără voința ta de a fi prezent și de a găsi Sursa iubirii din interior, puterea iubirii nu se poate exprima în viața ta. Cu cât practici iubirea mai sincer, cu atât mai ușor îți este să fii prezent. Și cu cât te oferi mai mult, cu atât râul iubirii te poartă mai adesea spre binele tău cel mai înalt și al tuturor ființelor care te însoțesc în călătoria ta.

Lucruri importante de reținut

- Iubirea codependentă ne face să depindem de alții și să așteptăm de la ei iubire și sprijin. Este ca atunci când construim ceva pe nisipuri mișcătoare. Ne aștemem bazele dezamăgirii. În momentul în care învățăm să ne iubim pe noi înșine din interior către exterior, știm că suntem în regulă, chiar dacă ceilalți nu ne pot iubi și sprijini.
- Tu ești cel care aduce iubirea. Iubirea ta este cheia. Tu ești inițiatorul. Dacă tu nu-ți oferi singur iubire, puterea iubirii nu se poate exprima în viața ta.
- Te tratezi pe tine însuți cu blândețe și compasiune? Nu-ți poți oferi iubire într-un mod lipsit de iubire; în acel moment încetează să mai fie iubire.
- Nu există nicio clipă în care să nu fii conectat la Sursa de iubire. Slujba ta este să rămâi liniștit și să-ți deschizi inima, astfel încât să simți această legătură.

REZULTAT ÎNLESNIT:

Autocunoaștere, încredere în sine

MANDALA/ ROATA TERAPEUTICĂ

Direcție: Nord-est

Ciclu solar: 5 februarie

Ciclu lunar: Lună în creștere,
înainte de primul pătrar (45°)

Ciclu cotidian: Noaptea târziu (ora 3.00)

PROCES/STADIU:

Pregătire

OBIECTIV ENERGETIC:

Încărcare, cristalizare

2

Fii tu însuți

Întrebare transformațională:

Este aceasta în armonie cu cine sunt eu?

Fiecare dintre noi are caracteristici unice pentru această întrupare. Avem puncte forte și slăbiciuni, calități și defecte. A ne înțelege și a ne accepta pe noi înșine este de primă importanță pe calea spirituală. Nu suntem aici pentru a fi ca altcineva. Suntem aici pentru a fi noi înșine.

Marele obstacol în procesul nostru de autoînțelegere este tendința a ne identifica și de a accepta concepțiile celorlalți oameni despre noi. Aceștia nu știu cine suntem, și totuși proiectează asupra noastră propriile dorințe și frici. Au un plan al lor pentru viața noastră. Părinții și alte persoane cu autoritate în viață au un impact enorm asupra noastră. Vrem să le facem pe plac. Vrem să-i mulțumim, astfel încât să ne iubească și să ne accepte. Și, ca rezultat, de multe ori ne trădăm pe noi înșine, încă de la o vârstă foarte fragedă. Învățăm să fim așa cum vor alții să fim, și nu așa cum suntem cu adevărat.

Dacă avem noroc, identificăm din timp acest proces de trădare de sine. Înțelegem că trebuie să ne individualizăm și să ne revendicăm viața. Nu putem trăi așa cum vor „mami“ și „tati“. Astfel că plecăm de acasă, nu doar din punct de vedere fizic, dar și din punct de vedere mental și emoțional. Tăiem cordonul ombilical și devenim oameni independenți.

Le mulțumim părinților pentru darul pe care ni l-au dat și mergem înainte, către o viață în care ne luăm propriile decizii și le suportăm consecințele.

În acest proces, trebuie să separăm propriile idei și concepții de cele care le aparțin părinților sau altor persoane importante. Trebuie să acceptăm ce vine de la noi și să ne îndoim de ceea ce vine de la alții. Nu vrem să trăim o viață inconștientă, mânată de rănile lăuntrice, încercând să realizăm visurile neîmplinite ale părinților și retrăind tiparele lor tragice și autodistrugătoare.

Suntem aici pentru a fi noi înșine, nu cine sunt ei. Pentru a fi noi înșine, trebuie să ne eliberăm de tiparele energetice ale familiei noastre de origine. Avem de lucrat cu copilul lăuntric. Dacă ai curajul să faci această lucrare, caută, te rog, mai multe informații despre workshopurile *Adevărata fericire* (vezi Anexe) și află cum poți renunța la rănile din trecut. Dacă nu ai acest impuls, fii măcar conștient de faptul că în conștiența ta sunt forțe care te programează pentru trădare de sine. Trebuie să fii conștient de aceste forțe, astfel încât să poți alege să te respecți și să te individualizezi. Altfel, o vei porni la drum, te vei împotmoli în noroiul iubirii condiționate și nu-ți vei putea îndeplini menirea pentru care ai venit aici.

Întrebarea transformațională de la această etapă, „Este aceasta în armonie cu cine sunt eu?“, înseamnă: „Reflectă acest gând, acest sentiment sau acest act darurile, talentele, temperamentul meu unic ori reprezintă o dorință de a-i face pe plac altcuiva (părinte, profesor, soț, guru, altei persoane importante din viața mea)?“ Dacă îți pui de mai multe ori această întrebare, vei evita să te trădezi pe tine însuți. Trebuie să înțelegi la nivel conștient când cauți aprobarea altora și când le cedezi puterea. Încercarea de a-i mulțumi pe ceilalți nu dă niciodată rezultate, pentru că, în cele din urmă, aceștia nu sunt mulțumiți. Nu te aprobă sau își folosesc aprobarea ca manipulare, obligându-te să faci lucrurile pe care vor ei să le faci. Trebuie să înveți să spui „nu“ oricăror încercări de a te manipula. Trebuie să înveți ca, mai presus de orice, să-ți prețuiești libertatea.

Bineînțeles că, pentru a fi liber cu adevărat, trebuie să fii dispus să te întreții. Dacă iei bani de la părinți sau de la partenerul de viață, nu ești liber să faci propriile alegeri. Trebuie să scoți cârligele de care ești agățat, altfel vei fi mereu un pește pe uscat. Scoate cârligele și înoată liber. Găsește-ți propria hrană și ai grijă să nu te lași ademenit de momeala din cârlig. Dacă nu vrei să te întreții, dacă nu ești dispus „să-ți lucrezi pământul“, vei ajunge în mod inevitabil să-l vinzi. Nu face asta. Ia-ți pământul înapoi și cultivă-l. Ai de lucru. Ai de cultivat, de plivit și de udat. Trebuie să înveți să ai grijă de tine și să-ți ocrotești ideile și valorile.

Emanciparea nu este un lucru ușor. Mulți oameni preferă să fie copii și să depindă de instituțiile parentale ale societății. Dar în asta nu există niciun fel de libertate sau demnitate. Nu poți să fii o persoană spirituală și să trăiești din ajutor social. Tu trebuie să te ocupi de propria bunăstare. Trebuie să ai grijă de tine însuți dacă ești apt de acest lucru.

Dacă nu ești apt, este în regulă să ceri ajutor. Dar fii sincer. Chiar dacă nu poți face anumite lucruri, poți face altele. Nimeni nu este absolut inutil. Fiecare persoană are un dar de dat. Nu contează cât de modest este. Dacă persoana nu învață să-și prețuiască darul și să-l ofere lumii, nu are demnitate sau respect de sine.

Indiferent cât de mult te încearcă viața, nu-ți ceda puterea. Revendic-o. Ocrotește-ți darurile. Fă pași mici. Stabilește-ți obiective de scurtă durată și atinge-le. Construiește succesul așa cum construiești fundația unei case: cărămidă cu cărămidă. Există o demnitate în a munci atunci când acea muncă te onorează, când îți permite să mergi înainte și să-ți atingi obiectivele. Dacă nu ți-ai luat un angajament față de tine însuți, cine își va lua un angajament față de tine? Nimeni. Dacă ți se pare că este altfel, te minți singur. Vei trăi într-o lume a fanteziei. Ieși, te rog, din starea de negare. Viața ta îți aparține. Tu ești responsabil pentru ea. Nimeni altcineva.

Dacă le cedezi altora puterea, o vei da pe nimic. Vei fi un sac de oase ambulant. Oamenii te vor auzi cum scârțâi când mergi, pentru că nu ai carne pe oase, nu ai substanță sau pasiune în viață. Asta înseamnă să mori de viu. Nu face asta. Nu-ți irosi viața.

Dacă ești leneș și lipsit de motivație, dacă amâni mereu lucrurile, așteptând slujba perfectă, relația perfectă, viața perfectă, înțelege că te afunzi tot mai mult în starea de lipsă de putere. Trebuie să te înrolezi în armată sau să te oferi voluntar pe undeva... să tai lemne, să cari apă. Pune-te pe lucru. Muncește din greu. Muncește cu entuziasm și plăcere. Și, dacă poți, fluieră în timp ce muncești. Poate că în felul acesta îi atragi atenția șefului. Poți descoperi oportunități ce apar acolo unde înainte nu era nimic, întrucât ai fost dispus să faci un pas înainte. Ai fost dispus să aduci o contribuție. Ai fost dispus să crezi în tine însuți.

Nu folosi întrebarea de transformare ca scuză să vegetezi, să amâni sau să nu faci nimic. Folosește-o pentru a găsi o direcție și pentru a te îndrepta într-acolo. Să presupunem că întrebi „Este aceasta în armonie cu cine sunt eu?“, iar răspunsul este „Nu“, pentru că știi că e ceva ce ar vrea tati să faci, nu tu. Este un bun pas înainte. Dar încă nu ai terminat. Spune „nu“ lucrurilor care te dezonorează, dar folosește acel „nu“ pentru a descoperi un „da“.

Dacă spui „nu“ ofertei lui „tati“ de a-ți plăti facultatea de stomatologie pentru că vrea să-i calci pe urme, spune „da“ facultății de arte plastice sau de muzică ori cursurilor de informatică sau oricărui lucru pornit din inima ta. Întreabă-te: „Ce îmi face cinste? Ce talente vreau să-mi dezvolt sau să ofer în lume?“ Iar apoi mișcă-ți picioarele. Atunci când spui „nu“ trădării de sine, îți poți spune ție însuți „da“, ca ființă autentică. Un „nu“ fără „da“ este lipsit de importanță. Nu are putere sau scop. Spune „nu“ lucrurilor care nu sunt în armonie cu cine ești tu, iar apoi spune-le „da“ celor ce sunt. Înțelege că acestea două merg mână în mână. A fi autentic înseamnă a fi cinstit cu tine însuți. Este un component esențial pentru a deveni o ființă matură, conștientă, responsabilă și împlinită la nivel spiritual. Revendicarea puterii, după ce le-ai cedat-o altora, este primul pas către a deveni tu însuți. Odată ce ai făcut acest lucru, poți realiza pasul următor.

A le da înapoi celorlalți puterea și șansa de a-și asuma responsabilitatea

Nu poți fi tu însuți dacă încerci să obții aprobarea celorlalți sau dacă le permiți să-ți influențeze deciziile. Ceilalți nu pot fi ei înșiși dacă încearcă să-ți câștige aprobarea sau îți permit să le influențezi deciziile. Codependența este o sabie cu două tăişuri. Nu contează de care parte a sabiei te afli. Vei fi rănit oriunde te-ai afla.

Dacă eşti deştept, vei îngropa sabia, sau măcar o vei băga în teacă. Ia-ţi înapoi libertatea şi puterea. Şi dă-le celorlalţi libertatea şi puterea înapoi. Când ceilalţi încearcă să-ţi facă pe plac sau să-ţi obţină aprobarea, spune-le: „Te rog, fă ceea ce-ţi spune inima. Ceea ce cred şi vreau eu nu are importanţă. Te sprijin să faci alegerea care te avantajează cel mai mult."

De fiecare dată când îi oferi altuia libertate, devii tu însuţi mai liber şi capeţi putere de a merge mai departe în viaţă. A nu te băga în treburile altora poate fi cea mai profundă decizie pe care o iei pe calea spirituală. Implicarea în dramele altora este ca mersul pe nisip mişcător, unde eşti încetinit şi nu poţi să-ţi urmăreşti priorităţile.

Deci, când pui întrebarea „Este aceasta în armonie cu cine sunt eu?", fă-o, te rog, cu conştienţa că orice încercare de a-i influenţa sau de a-i controla pe ceilalţi nu este în armonie cu sinele tău adevărat, cu sinele lor adevărat şi cu legile spirituale ale Universului. Refuză să cedezi putere, dar şi să iei putere de la alţii. Spune „da" puterii tale şi „da" puterii lor.

Este ispititor să le dai celorlalţi sfaturi atunci când îţi cer părerea, dar ai grijă la momeală. Sfaturile sunt ca o pantă alunecoasă. De fiecare dată când spui „Dacă aş fi în locul tău, aş face asta şi asta", adaugă, te rog, şi avertismentul „Dar nu sunt în locul tău, iar tu trebuie să faci ceea ce ţi se pare ţie bine şi să faci singur o alegere". Aşa rămâi în afara dramei.

Astfel, dacă acea persoană face o alegere proastă, nu poate veni la tine să-ţi spună „De ce mi-ai spus să fac aşa şi pe dincolo?". Nu poţi fi învinuit, pentru că nu ai spus un lucru pe care să-l regreţi.

Și totuși, oamenii se bagă mereu în treburile altora. Uneori, uităm că și ceilalți au dreptul să fie ei înșiși și depășim limita. Când se întâmplă acest lucru, cere-ți iertare imediat ce-ți dai seama că ai întrecut măsura. Și cere ca și ceilalți să nu întreacă limita în ceea ce te privește. Important este să-ți păstrezi blândețea. Cu toții facem greșeli. Toți trebuie să oferim și să primim iertare. Viața poate fi o experiență în care ne revendicăm puterea personală sau una în care încercăm să manipulăm. Manipularea nu-i face bine nimănui. De aceea, trebuie să fii vigilent. Fii conștient de momentele în care îți cedezi puterea. Fii conștient de momentele când încerci să le iei altora puterea. Cere rectificare. Îndreaptă lucrurile. Învață din greșelile tale. Și mergi mai departe.

Iertarea este un mod de viață. Ne face mai puternici și ne ajută să ne găsim echilibrul. Prin practicarea iertării clipă de clipă, îi dăm drumul trecutului, prevenim reapariția tiparelor disfuncționale din viața noastră și pășim în prezent cu forță și determinare.

Egalitate și respect reciproc

În momentul în care fiecare dintre noi este liber să fie el însuși, egalitatea și respectul reciproc devin elemente de bază ale vieții noastre ca ființe umane. Nimeni nu încearcă să-l controleze pe celălalt. Nimeni nu este o victimă sau un torționar. Nimeni nu este discriminat, controlat sau abuzat. Fiecare persoană primește puterea de a-și face propriile alegeri și de a-și asuma răspunderea pentru consecințele acelor alegeri.

Acolo unde nu este trădare de sine nu poate exista abuz. Nu poate exista lipsă de egalitate.

Pe măsură ce fiecare dintre noi învață să-și revendice puterea și să-i sprijine pe ceilalți să facă același lucru, abuzurile încetează. În momentul în care se întâmplă un abuz, el este detectat pe loc și corectat cu ușurință.

Aceasta este lumea pe care o creăm împreună. Dar, ca întotdeauna, creația începe cu tine și cu mine. Începe cu alegerile pe care le facem în acest moment.

Lucruri importante de reținut

- Trebuie să-ți trăiești propria viață, să te întreții singur și să-ți faci propriile alegeri.
- Trebuie să-i încurajezi pe ceilalți să-și trăiască propria viață, să se întrețină pe ei înșiși și să-și facă propriile alegeri.
- Nu poți fi tu însuți dacă încerci să-i mulțumești pe ceilalți, dacă le dai voie să-ți influențeze deciziile sau dacă le cedezi în vreun fel puterea personală.
- Nu poți fi tu însuți dacă depinzi de ajutorul altora, dacă încerci să-i influențezi sau dacă încerci cumva să le iei puterea.
- Ceea ce gândesc alții despre viața ta sau ceea ce gândești tu despre viața lor este, în cel mai bun caz, irelevant și, în cel mai rău, o metodă de manipulare și de invadare a intimității.
- Atunci când nu te bagi în viața altora, poți fi prezent și atent la propria viață. Același lucru este valabil și pentru ceilalți.
- În toate interacțiunile cu alți oameni, prioritatea sunt egalitatea și respectul reciproce. Când folosești întrebarea transformațională pentru a te onora pe tine însuți și pentru a fi autentic, îți îndeplinești rolul de a crea o lume mai blândă și mai armonioasă.

REZULTAT ÎNLESNIT:

Limite, relații sănătoase

MANDALA/ ROATA TERAPEUTICĂ

Direcție: Est

Ciclu solar: Echinocțiul de primăvară (20 martie)

Ciclu lunar: Primul pătrar (90°)

Ciclu cotidian: Răsăritul Soarelui (ora 6.00)

PROCES/STADIU:

Construirea fundației

OBIECTIV ENERGETIC:

Taie lemne, cară apă, cultivă pământul

3

Fii responsabil

Întrebare transformațională:

Îmi asum tot ceea ce gândesc, simt, spun sau fac?

Majoritatea oamenilor nu vor să-și asume responsabilitatea, pentru că nu vor să fie învinuiți sau criticați. Dar fără responsabilitate nu există putere de creație. Lipsa de putere și lipsa de responsabilitate merg mână în mână.

Poate că este mai exact să spunem că oamenilor le este mai ușor să-și asume responsabilitatea pentru lucrurile pe care le fac bine și care sunt apreciate de alții, dar le este mai greu să-și asume responsabilitatea pentru greșelile lor. Adevărul este, însă, că toți facem greșeli – multe greșeli.

O bună parte din viață este un proces de învățare din greșeli – nu un proces de evitare a greșelilor. Dacă nu ne recunoaștem erorile și nu învățăm din ele, trăim într-o stare de negare. Creăm o lume a fanteziei. Nu învățăm niciodată să ne trăim viața cu adevărat.

Succesul în afaceri, în sport, în sănătate și bunăstare apare atunci când ne confruntăm cu eșecul sau cu greutățile și găsim o modalitate de a le depăși. Dacă renunțăm de prima dată când ne încearcă viața, realizăm foarte puține. Dacă ai nevoia de a fi perfect, nu vei avea succes, pentru că nimeni nu este perfect. Dar dacă vrei să fii mai bun decât ai fost înainte, vei învăța din greșeli și vei deveni mai puternic și mai competent. Aptitudinile sunt construite în confruntare cu greutățile. Înveți să crezi în tine însuți prin învingerea obstacolelor, prin înfruntarea greutăților și depășirea conflictelor.

Puterea și rezistența se clădesc prin antrenament. Caracterul este clădit prin încercări și teste. Măreția se clădește prin curaj și combaterea nedreptăților. Inovația este creată prin pășirea pe o cale neumblată, chiar dacă este mai greu. Ai putea crede că nu-i mare lucru să-ți recunoști greșelile și să înveți din ele – dar este un lucru foarte important. Când facem acest lucru pentru prima dată, este un moment definitoriu.

Admiterea greșelilor

De ce ne este atât de greu să ne admitem greșelile? Deoarece, atunci când ni le asumăm, credem că am devenit ținta atacurilor celorlalți. A spune „Eu am făcut-o" este la fel cu a ține în mână un semn pe care scrie „Lovește-mă". Trăim într-o cultură a învinuirii, a rușinii și pedepsei, nu într-o cultură a iertării. Credem că, dacă ne asumăm actele, ne înrolăm pentru a fi crucificați. Rezultatul este că foarte puțini dintre noi își asumă experiențele.

Dar uite cum stau lucrurile: dacă nu ne asumăm ce este al nostru, nu putem accesa puterea de creație. Nu putem avea succes. Pentru a avea succes, trebuie să fim dispuși să dăm greș. Trebuie să fim dispuși să facem greșeli și să învățăm din ele. Trebuie să fim dispuși să spunem „Am greșit, iartă-mă".

Dacă ne iertăm pe noi înșine și pe ceilalți pentru greșelile noastre, primim cu toții o nouă perspectivă asupra vieții. Primim încă o șansă – iar un om poate face minuni când i se mai dă o șansă. Există multe astfel de exemple. Sunt convins că ai auzit și tu de câteva.

Toți vrem să fim susținuți. Toți vrem să fim lăudați. Dar cei care sunt lăudați îți vor spune niște povești destul de emoționante despre momentele din viața lor când s-au prăbușit și au pierdut totul. Crezi că ai probleme și greutăți? Ascultă-le poveștile. Te vor smeri.

Fără smerenie, nu ai nicio șansă de succes. Mai devreme sau mai târziu, viața îi îngenunchează pe toți. Mai bine să o facă la începutul călătoriei decât la sfârșit. Mai bine să înveți lecțiile smereniei acum, cât ai timp și împrejurările din viață o permit. Altfel, s-ar putea să nu înveți acele lecții și nu vei ști ce să faci când vin peste tine marile furtuni. Omul smerit înfruntă furtuna. Omul mândru se scufundă odată cu corabia. Viața nu este generoasă cu cei care se cred speciali și nu au înțelegere sau compasiune pentru ceilalți.

Însă, chiar dacă încă nu ai compasiune pentru ceilalți, măcar să ai compasiune pentru tine. Fii bun cu cel care se zbate să supraviețuiască. Învață să te iubești și să te prețuiești și să ai grijă de existența ta. Învață din greșelile tale și fii blând cu tine însuți. De fiecare dată când te ierți pe tine sau pe altcineva, câștigi forță și energie. Vei vedea.

Curs intensiv în respectarea limitelor

De mulți ani le ofer studenților mei această cheie importantă pentru trezirea personală. Este doar o frază, dar este o frază eficientă, care îți va schimba viața. Această frază este „Tot ceea ce gândesc, simt, spun și fac îmi aparține și nimic din ceea ce gândesc, simt, spun și fac nu-ți aparține ție". Așa numesc eu *Cursul intensiv de respectarea limitelor.*

Cursul intensiv de respectarea limitelor este un instrument profund pe calea spirituală, întrucât îți spune exact care este și care nu este responsabilitatea ta. Ești responsabil pentru tot ceea ce simți și tot ceea ce crezi că este adevărat. Ești responsabil pentru cuvintele pe care le spui și pentru lucrurile pe care le faci. Nimeni altcineva nu este responsabil pentru aceste lucruri.

Poate că cineva te provocă, iar tu reacționezi cu furie. Însă nu acea persoană este responsabilă de cuvintele sau actele tale de furie – tu ești. Nu contează cine crezi tu că te-a supărat sau te-a întristat. Este convingerea ta. Este furia sau tristețea ta. Totul îți aparține.

Bineînțeles că același lucru este valabil și pentru celălalt. Dacă declanșezi în ceilalți o stare de furie sau de tristețe, acea furie sau tristețe le aparține. Responsabilitatea pentru gândurile și sentimentele, cuvintele și actele lor le aparține numai și numai lor. Ideea aici este că fiecare dintre noi alege ce să creadă, ce să simtă, ce să spună și ce să facă. Firește că, atunci când tiparele noastre de reacție preiau controlul, ni se pare că nu avem de ales – însă mereu avem de ales. Alegerea este făcută, pur și simplu, la nivel subconștient.

Treaba noastră este să înțelegem acest lucru, deoarece avem o alegere și avem și o responsabilitate pentru alegerile noastre. Alegerile subconștiente ne creează suferință și le creează suferință și celorlalți. Trebuie să devenim conștienți de alegerile reactive, inconștiente pe care le facem și de consecințele acelor alegeri. Dacă nu ne plac rezultatele, trebuie să ne întoarcem și să identificăm comportamentul distructiv din spatele alegerii făcute. Atunci putem vedea ce rană trebuie vindecată și ce convingere trebuie schimbată.

Pe măsură ce aducem în mod conștient vindecare rănii și ne schimbăm convingerile false, distrugătoare, alegerile subconștiente se reduc și descoperim că putem face alegeri la un nivel mai conștient. Cu cât aducem mai multă conștiență, cu atât facem alegeri mai bune și ne bucurăm mai mult de rezultate. Gândurile ne sunt mai pozitive, sentimentele devin mai armonioase, cuvintele ajung să fie mai blânde și actele sunt mai eficiente.

Toate aceste lucruri se întâmplă deoarece suntem dispuși să aducem conștiență asupra fiecărui gând, sentiment, cuvânt și act al nostru. Aducem această conștiență sub forma practicii spirituale de fiecare clipă, știind că, în cele din urmă, suntem responsabili de tot conținutul acestei conștiențe. Facem acest lucru nu pentru a ne învinovăți cu ceva, ci pentru a fi vigilenți și conștienți de puterea creatoare pe care o avem, știind că ceea ce credem despre noi înșine și ceilalți se va manifesta, într-un fel sau altul, în viața noastră.

Fiecare dintre noi este un creator și, prin urmare, suntem responsabili de propriile creații. Această responsabilitate există și când creăm la nivel conștient și când creăm la nivel subconștient. Unii oameni numesc karma această putere creatoare, atunci când operează la nivel inconștient. Chiar nu contează cum îi spui. Cu cât este mai mare plasa subconștientă pe care o țeși, cu atât șansele de a fi prins în ea sunt mai mari.

Așadar, țese conștient. Țese conștient. Asumă-ți responsabilitatea pentru gândurile, sentimentele, cuvintele și actele tale. Experiența ta îți aparține. Nu face greșeala de a crede că-i aparține altuia. Tu ești arhitectul și constructorul. Tu ești juriul și jurații.

Și contrarul este valabil. Ceilalți sunt responsabili pentru propriile gânduri, sentimente, cuvinte și acte. Nu ești responsabil pentru creațiile altora. Nu-ți asuma o falsă responsabilitate, care nu îți aparține. Lasă-i pe ceilalți să fie responsabili de propriile experiențe.

Depășirea sentimentelor de vinovăție și de rușine

Cea mai rapidă cale de a depăși limite și de a abuza de ceilalți este de a-i face să se simtă responsabili de gândurile, sentimentele, cuvintele sau actele tale. Faci asta spunându-le „Este vina ta că m-am enervat“ sau „Tu m-ai enervat“. Nu este adevărat și nu va fi niciodată adevărat. Doar pentru că cineva îți declanșează furia, asta nu înseamnă că este și responsabil de ea. Responsabilitatea este a ta, indiferent cât de mult te-ar provoca cei din jur.

Poți alege cum să le răspunzi. Dacă nu o iei personal, poți să nu te implici. Nu duci lucrurile mai departe. Nu te lași blocat în gândurile și sentimentele lor. Nu reacționezi la cuvintele și actele lor. Știi că gândurile, sentimentele, cuvintele și actele lor le aparțin. Dacă nu te lași provocat, nu reacționezi la nivel inconștient. Nu ataci înapoi, verbal sau fizic. Nu te închizi la nivel emoțional, ci te detașezi. Îi lași să aibă propria experiență și încerci să nu-i judeci. Știi că toată lumea reacționează. Toată lumea face greșeli. Toți au din când în când câte o zi proastă. Nu o iei personal.

Îi eliberezi pe ceilalți. Te eliberezi pe tine însuți. Nu te simți responsabil pentru reacțiile lor și nici nu încerci să-i învinuiești pentru reacțiile tale.

Așa te îndepărtezi de vină și de rușine. Nu-i mai chinui pe ceilalți și nici nu mai joci rolul victimei. Știi că toată lumea are de ales. Oricine se poate da jos de pe roata suferinței. Trebuie, pur și simplu, să ne asumăm responsabilitatea pentru propria experiență.

Învinuirea celorlalți nu face decât să-ți adâncească suferința. Alege să nu învinuiești. Renunță la ideea că altcineva este responsabil de fericirea sau de lipsa ta de fericire. Asumă-ți totala responsabilitate. Lasă-i pe ceilalți să știe că „Pot fi fericit și atunci când nu ești mulțumit de mine. Fericirea ta nu este responsabilitatea mea și nu mi-o voi asuma". Mai spune-le: „Nu ești responsabil de suferința, bucuria, fericirea sau lipsa mea de fericire. Refuz să te învinuiesc pentru orice situație în care m-aș afla, pentru că știu că am de ales. Eu îmi aleg suferința. Eu îmi aleg bucuria. Nu poți alege pentru mine. Așadar, alegerea mea nu poate fi responsabilitatea ta." *Cursul intensiv de respectarea limitelor* te ajută să te abții de la a le încălca limitele impuse de ceilalți sau de a-i lăsa pe ei să le încalce pe ale tale. Stabilește o responsabilitate sănătoasă și o adevărată egalitate. Te ajută să renunți la rușine și la vină.

A lucra cu întrebarea transformațională

Întrebarea transformațională de aici este: „Îmi asum propriile gânduri, sentimente, cuvinte și acte?" Îmi asum responsabilitatea pentru propria experiență sau încerc să te fac pe tine responsabil de ea? Îți dau voie să-ți asumi răspunderea pentru experiența ta sau accept o responsabilitate nesănătoasă pentru gândurile, sentimentele, cuvintele sau actele tale?

Întrebarea te ajută să identifici abuzul (încălcarea granițelor sănătoase) atunci când are loc sau este pe cale să aibă loc. Este o busolă care îți spune unde te afli și te ajută să înțelegi încotro vrei să te îndrepți.

În călătorie, nordul real reprezintă locul unde nu există rușine sau vină, abuz împotriva sinelui sau altui om. Atunci când învinuiești sau arăți cu degetul, trebuie să devii conștient de ceea ce faci și să te oprești. Aceasta este responsabilitatea ta. Atunci când ceilalți te învinuiesc sau te arată cu degetul, trebuie să-i faci conștienți de ceea ce fac și să le ceri să înceteze.

Spune-le celorlalți: „Haide să nu ne învinuim unii pe alții. Haide să ne asumăm ceea ce ne aparține. Haide să ne asumăm responsabilitatea pentru ceea ce creăm aici și acum."

Spune-ți ție însuți: „Sunt aici ca să mă trezesc și ca să-mi asum răspunderea pentru experiența mea. Învinuirea celorlalți mă face să depind de alții și duce la victimizare reciprocă. Nu-mi pot asuma puterea personală dacă învinuiesc sau dacă fac pe cineva să-i fie rușine de ceea ce este."

Recunoaște momentele când uiți de *Cursul intensiv de respectarea limitelor* și abuzezi de intimitatea celorlalți. Observă-ți greșelile, asumă-ți-le și învață din ele. Jură că-ți vei corecta greșelile și cere iertare pentru ele. Spune *Tatăl nostru*. Iartă greșelile celorlalți și cere-le să-ți ierte și ei greșelile tale.

Iisus nu ne-a dat această rugăciune doar ca să rămână într-o carte sfântă. Ne-a dat-o s-o utilizăm ca unealtă practică, pe care să o folosim în viața noastră.

Ori de câte ori descoperi că există resentimente în sufletul altuia sau în sufletul tău, pune întrebarea transformațională: „Îmi asum răspunderea pentru lucrurile mele sau încerc să-l fac pe altul responsabil pentru experiența mea?" Și inversul: „Își asumă această persoană răspunderea pentru experiența ei sau încearcă să mă facă pe mine responsabil de ea?"

Folosește întrebarea transformațională pentru a aduce conștiență asupra abuzurilor și pentru a corecta ceea ce trebuie corectat. Nu o folosi pentru a fi dur cu tine sau cu altcineva. Când devii conștient de un abuz, nu învinui. Doar oprește-te. A te opri este suficient. Dacă ești curajos, recunoaște că ai fost deplasat. Spune: „Văd că am încercat să dau vina pe tine, dar știu acum că are legătură doar cu mine. Sunt problemele mele, nu ale tale. Iartă-mă, te rog, dacă poți."

Astfel revendici adevărul. Restabilești niște granițe sănătoase. Recâștigi încrederea și respectul reciproc. Repui în drepturi acceptarea. Reinstitui legea iubirii drept forță activă în viața ta.

Lucruri importante de reținut

- Fără responsabilitate nu există putere de creație. Ai putea crede că nu-i mare lucru să-ți recunoști greșelile și să înveți din ele, dar este un lucru foarte important. Pentru majoritatea dintre noi, acesta este un moment definitoriu.
- Tu ești responsabil de tot ceea ce simți și crezi că este adevărat. Ești responsabil pentru cuvintele pe care le spui și pentru lucrurile pe care le faci. Nimeni altcineva nu este responsabil de aceste lucruri.
- Învinuirea celorlalți nu face decât să-ți adâncească suferința. Alege să nu învinuiești. Renunță la ideea că altcineva este responsabil de fericirea sau de lipsa ta de fericire.
- Ceilalți sunt responsabili pentru propriile gânduri, sentimente, cuvinte și acte. Nu ești responsabil pentru creațiile altora. Nu-ți asuma o falsă responsabilitate. Lasă-i pe ceilalți să fie responsabili de propriile experiențe.

REZULTAT ÎNLESNIT:

O bună comunicare, fără planuri ascunse
Mandala/ Roata terapeutică
Direcție: Sud-est
Ciclu solar: 5 mai
Ciclu lunar: Lună în creștere,
după primul pătrar (135°)
Ciclu cotidian: Mijlocul dimineții (ora 9.00)

PROCES/STADIU:

Circulație, schimb energetic

OBIECTIV ENERGETIC:

Cultivare, planificare

4

Fii sincer

Întrebare transformațională:

Îmi exprim adevărul și ascult adevărul celorlalți?

Spunerea adevărului reprezintă întotdeauna o provocare. Avem tendința de a le spune oamenilor ceea ce vor ei să audă. În momentul în care căutăm să fim acceptați sau aprobați, adevărul este compromis.

Atunci când suntem sinceri cu noi înșine, ne dăm seama că de cele mai multe ori nu știm care ne este adevărul. A spune „Nu știu“ este primul pas spre a fi sincer. Este mai bine decât „a inventa“ o poveste sau a le spune celorlalți ceea ce vor ei să audă, astfel încât să nu ne mai pună întrebări.

Prin aceasta începem un proces de descoperire de sine. Începem să ne întrebăm „Ce este adevărat pentru mine?“. Această întrebare creează o comuniune cu sinele. Și numai acolo putem întâlni adevărul. Pentru a auzi adevărul, trebuie să-l asculți. Trebuie să faci liniște. Trebuie să te plasezi sub vacarmul gândurilor și sentimentelor contradictorii pe care le numim „mintea de maimuță“. Mintea de maimuță este doar confuzie. Nu conține adevăr. Pentru adevăr trebuie să cobori mai adânc.

Astfel rămâi cu această întrebare și te cufunzi în inimă. Îți dai voie să te relaxezi și să respiri. Lași ca respirația să liniștească mintea, astfel încât să existe mai mult spațiu între gânduri. În acest spațiu apar înțelegerea și călăuzirea. Dacă stărui destul de mult asupra unui lucru, adevărul apare negreșit. Întrebarea devine: ești dispus să aștepți? Ești dispus să ai răbdare?

A spune adevărul

După ce ai petrecut suficient timp în tăcere și comuniune cu sinele, adevărul își face apariția. De obicei, nu te lovește peste cap, ci îți șoptește ușor. Deseori, călăuzirea și claritatea sunt transmise pe o voce calmă și liniștită.

Adevărul este organic. Apare sau se desfășoară. Rareori erupe sau dă buzna. Ai grijă de vocile autoritare care comandă, pretind sau te tulbură. Acestea vin, de obicei, dintr-un spațiu al rănilor și planurilor ascunse. În spatele lor se pregătește o furtună. Așteaptă până când se liniștesc apele, apoi vezi ce-ți spune vocea.

Atunci când vocea ușoară, liniștită a adevărului îți șoptește, las-o să pătrundă în adâncul tău și rămâi răbdător alături de ea. Lasă ca adevărul să fie rostit în fiecare celulă a corpului. Rămâi alături de adevăr și interiorizează-l înainte de a-l rosti sau de a-l pune în acțiune. Nu ar trebui să existe impulsivitate sau grabă când vine vorba despre adevăr. Cu toate acestea, nu ar trebui să existe nici amânări, ezitări sau întârzieri inutile.

Există un moment potrivit de a spune adevărul și unul nepotrivit. Există o manieră corectă de a spune adevărul și una greșită.

Iată câteva indicații necesare:

- Nu încerca să le spui altora adevărul când nu te ascultă, când sunteți supărați, ocupați sau preocupați cu alte lucruri. Creați un spațiu relaxat și sacru, în care să poți vorbi din inimă și să fii ascultat din inimă. (Consultă *Regulile de bază pentru Procedeul de afinitate* de la sfârșitul cărții.)
- Vorbește blând, folosind persoana întâi singular, astfel încât să-ți împărtășești adevărul fără să aștepți ca celălalt să-l accepte. Nu fi dur cu cealaltă persoană, dar nici nu-ți cere iertare pentru adevărul tău.
- Cere să fii acceptat, nu aprobat. Iubirea nu se bazează pe aprobare, se bazează pe acceptare și respect reciproc.
- Rostirea și ascultarea adevărului reprezintă un act complet. Nimic altceva nu trebuie să iasă în urma lui. Comentariile sunt inutile și nu trebuie să fie luate decizii. Stai câteva momente cu ceea ce a fost împărtășit. Nu cere un răspuns și nu te oferi să dai tu unul. Lasă ca totul să se adâncească în interior. Puteți discuta mai târziu, când sunteți pregătiți.

Cel mai bine este ca adevărul să fie rostit într-un spațiu și un timp sacre. Crearea unui moment și a unui spațiu potrivite pentru a le împărtăși celorlalți din inimă crește în mod considerabil probabilitatea de a fi ascultat cu compasiune și respect.

Atunci când vorbești cu iubire în inimă și în voce, cealaltă persoană va primi ceea ce-i comunici nu ca pe un atac, ci ca pe o invitație către o mai mare intimitate.

A-i asculta pe ceilalți

În orice relație, sinceritatea trebuie să vină din ambele direcții. A fi sincer cu cei din jur dă tonul și îi invită și pe ei să se comporte la fel. Poți menține o comunicare sinceră și prin ascultarea celorlalți, fără judecată sau comentarii. Ascultă astfel încât ceilalți să se simtă auziți și acceptați. Nu interveni cu părerile tale. Nu judeca, nu critica, nu evalua și nu da replici nesolicitate. Nu începe să spui povești de-ale tale de care îți aduce aminte ceea ce-ți împărtășește celălalt. Nu te afli lângă el ca să comentezi, ci ca să înțelegi și să accepți ceea ce ți se spune, așa cum îți este comunicat. Majoritatea ascultăm într-un mod critic. Auzim ceea ce spun ceilalți prin propriile filtre și convingeri. Reacționăm, evaluăm și ne oferim părerea, chiar și dacă nu ne este cerută. Este, oare, de mirare că oamenii se simt neauziți, dacă nu chiar judecați și atacați?

Reține că ceea ce gândești tu despre cineva te privește doar pe tine. Celălalt nu trebuie să afle judecățile pe care le emiți la adresa lui. Nu i-ar fi de folos și, în mod sigur, nu l-ar încuraja să aibă mai multă încredere în tine.

Nu te grăbi să-ți exprimi judecățile. Fii conștient de ele și asumă-ți responsabilitatea. Observă că judecățile tale spun mai multe despre tine decât despre celălalt. Judecățile tale îți arată acele aspecte din tine pe care nu ai reușit să le iubești și să le accepți. Compasiunea cu care îți observi judecățile poate reprezenta o poartă către vindecarea fricii și a rușinii asociate cu rănile din copilărie.

Nu-ți proiecta judecățile, rănile sau convingerile asupra celorlalți. Lasă-i să aibă propria experiență. Privește ceea ce declanșează ceilalți în tine ca pe un dar, care-ți permite să pătrunzi mai adânc în procesul de vindecare. Nu-ți arunca problemele asupra lor fiindcă îți este frică să te uiți la ele.

A învăța să-i asculți pe ceilalți este o adevărată artă. Nu se întâmplă repede sau cu ușurință. În momentul în care auzi adevărul altora, ești un martor. Ești martorul procesului lor. Abținându-te de la judecată, rămâi netulburat și liber să gândești și să simți cum vrei. Nu te implica în drama lor. O poți vedea, dar nu ți-o asumi, pentru că este drama lor, nu a ta.

A fi martorul adevărului

Acceptând adevărul celeilalte persoane așa cum îl prezintă ea, martorul confirmă că „Ești în regulă așa cum ești. Nu trebuie să faci eforturi pentru a mă mulțumi pe mine sau pe altcineva". Martorul nu are dorința de a te schimba sau de a te îmbunătăți.

Ești deja în regulă. Nu e nimic defect la tine, nu îți lipsește nimic. Nu trebuie să fii reformat. Nu trebuie să fii salvat, corectat.

Aceasta este o afirmație existențială. Ea spune: „Te recunosc ca egal. Tu ai viața ta, iar eu am viața mea. Îți respect călătoria, în timp ce mi-o revendic pe a mea."

Martorul practică egalitatea și respectul reciproc. El vede demnitatea din experiența fiecărui om. Nu judecă, nu critică și nu învinuiește, ci vede doar adevărul celorlalți și îl onorează.

Martorul înțelege cât de crudă este nevoia de a fi aprobat. El știe că numai persoana nesigură pe ea cere ca ceilalți să aibă aceeași experiență sau aceleași convingeri. Căutarea aprobării face ca viața să fie rigidă și fără haz. Distruge diversitatea și spontaneitatea – elemente ce fac ca viața să fie interesantă și plăcută.

Adevărul este că oamenii sunt diferiți. Nu sunt de acord unii cu alții, iar acesta nu este neapărat un lucru rău. Dezaprobarea duce la discuții și sinteză. Naște un proces creator, care îi ajută pe oameni să descopere cele mai bune răspunsuri la problemele vieții. Dar poate să ducă și prea departe. Oamenii pot pierde din vedere ceea ce au în comun. Pot polemiza și ajunge într-un punct mort. Extremele nu ajută prea mult.

Martorul nu are așteptări. Uneori, este de acord cu ceilalți, alteori, nu. Dar acceptă întotdeauna părerea și experiența celuilalt.

În momentul în care nu mai căutăm aprobare, adevărul nu mai poate fi amenințat de diferențe. Diferențele sunt acceptate drept prețul pe care îl plătim pentru autenticitate și libertate. Ne dăm unii altora permisiunea de a fi sinceri. Creăm un spațiu de siguranță, unde fiecare poate vorbi și poate fi auzit.

Limbajul iubirii

Limbajul iubirii nu permite judecată sau critică. Nu sprijină discriminarea sau prejudecata. Nu aduce respingere sau intimidare. Nu duce la niciun fel de manipulare sau manifestare de cruzime.

Limbajul iubirii este format numai din acceptare, încurajare, sprijin, înțelegere și respect. Îi înalță pe ceilalți. Nu îi coboară.

Limbajul iubirii nu vrea aprobare, pentru că vrea ca oamenii să fie liberi să-și facă propriile alegeri. Iubirea nu este bazată pe aprobare. Poți să dezaprobi pe cineva și totuși să-l iubești.

Este ceva ce fiecare dintre noi trebuie să învețe. Este o parte importantă a practicii noastre spirituale. Firește că nu este ușor. Mulți dintre noi îi resping pe alți oameni pentru că arată altfel decât ei, au o altă culoare a pielii, o altă religie sau o altă orientare sexuală. Vrem ca toată lumea să fie ca noi, să arate ca noi, să se comporte ca noi și să creadă ca noi. Îi iubim pe ceilalți, dar cu condiții.

Iubirea condiționată este, pur și simplu, un mod de a nu-i iubi pe cei ale căror diferențe ne amenință. Iar atunci când refuzi iubirea, refuzi și drepturile oamenilor. Comiți un abuz împotriva fiecărei persoane față de care nu-ți recunoști iubirea.

Așadar, fii sincer cu tine însuți. Dacă ești bărbat, accepți femeile chiar dacă ai experiențe diferite de ale lor? Dacă ești negru, îi accepți pe albi chiar dacă ai experiențe diferite de ale lor? Dacă ești heterosexual, îi accepți pe homosexuali chiar dacă ai experiențe diferite de ale lor? Poți avea o altă experiență, o altă credință și o altă perspectivă și totuși să-i iubești pe ceilalți și să-i accepți?

Fiecare dintre noi are de lucrat aici. Cu toții avem moduri în care refuzăm să-i iubim și să-i acceptăm pe ceilalți. Când devenim conștienți de acest lucru, putem să ne punem întrebări și să-i dăm voie iubirii să curgă liber.

A da și a primi reprezintă limbajul iubirii. Una duce în mod firesc la cealaltă. Dacă încerci să ții iubirea la tine sau îți ridici un zid în jurul inimii astfel încât să nu o poți primi, nu vei face decât să te rănești. Când spui adevărul, fie că ți-l spui ție sau altora, folosește limbajul iubirii:

- Încurajează-l, susține-l și respectă-l pe celălalt chiar dacă nu ești de acord cu el.

- Vorbește cu iubire în inimă, fără a judeca. Dacă nu poți face acest lucru încă, așteaptă până când vei putea.
- Nu căuta aprobare. Acceptă diferențele dintre voi.
- Nu-ți închide inima și nu-l îndepărta pe celălalt. Fii deschis pentru a primi iubirea, în orice mod îți poate fi oferită.
- Nu refuza să-l iubești pe celălalt. Oferă-ți iubirea în mod liber.

A înfrunta adevărul

În momentul în care spui adevărul, aduci lumină în întunericul condiționărilor. Clarifici lucrurile ascunse. Îi spui celeilalte persoane ce gândești și ce simți. O lași să intre în mintea și în inima ta.

A spune adevărul este un act de curaj. Creează o mai mare intimitate între oameni.

Faptul că sentimentele și oamenii se schimbă este o realitate a vieții. Ne îndrăgostim și ne „dez-îndrăgostim" unii de alții. Începem o carieră și abia după aceea ne dăm seama că nu era ceea ce ne doream. Ne luăm cu inima deschisă angajamente pe care nu le putem păstra. Când ești nefericit, nefericirea ta trebuie înfruntată. Trebuie să spui adevărul, mai întâi ție însuți, iar apoi celor cu care îți împarți viața. Dacă nu ești fericit în căsnicie sau la locul de muncă, nu poți ignora ceea ce simți. Nu poți să afișezi o față zâmbitoare și să te prefaci că ești fericit, pentru totdeauna.

Mai devreme sau mai târziu, trebuie să înfrunți adevărul și să-l împărtășești și altora. Riscul este, bineînțeles, că ceilalți se vor supăra pe tine, te vor părăsi și se vor detașa. Pentru a reduce acest risc, ajută dacă folosești limbajul iubirii și dacă spui adevărul într-un spațiu de siguranță.

Poate fi un preț de plătit pentru spunerea adevărului, dar costul trăirii unei vieții în necinste și negare este mai mare. Atunci când spui adevărul, îți revendici libertatea de a fi autentic și integru și le oferi și celorlalți aceeași libertate. Desigur că unii oamenii preferă siguranța emoțională sau fizică în locul libertății și nu vor fi entuziasmați de propunere. Dar aceasta este alegerea lor. Nu poți fi pentru totdeauna prizonierul alegerii făcute de altul. Trebuie să-ți faci propria alegere și să le permiți altora să facă la fel.

Angajamentele sunt importante și ar trebui onorate. Dar nu poți obliga pe cineva să te iubească sau să stea cu tine, cum nici pe tine nu te poți forța să stai cu o persoană pe care n-o mai iubești. Asta ar însemna să agresezi Spiritul din voi amândoi.

Iubirea și libertatea merg mână în mână. Atunci când iubești cu adevărat, iubești liber și fără condiții.

Adevărul te va elibera

Întrebarea transformațională sună astfel: „Îmi exprim adevărul și ascult adevărul altora?“ Ea ne cere să aducem lumină în locurile umbrite din inima, mintea și din relațiile noastre. Ne cere să furnizăm toate informațiile, astfel încât să avem libertatea de a decide ce este bine pentru noi. În momentul în care ne dăm seama că nu spunem adevărul, întrebarea ne ajută să găsim curajul de a vorbi.

Cuvintele nerostite pot distruge o relație. Oamenii vin cu măștile lor, prefăcându-se că sunt fericiți atunci când nu sunt, apoi se întâmplă ceva neașteptat. Poate fi o legătură amoroasă sau o ruptură neașteptată, venită parcă din senin. Dar nu este decât umbra apărută la suprafață, pentru a fi recunoscută.

Atunci când adevărul nu este onorat ca parte a unui proces organic, erupe brusc, pe neașteptate. Oamenii se simt răniți, abandonați sau trădați. Vechile răni și tiparele de comportament negative sunt reactivate. Acesta este prețul negării.

Practica spirituală de aici este de a conștientiza adevărul din inima noastră și de a avea curajul să-l spunem celor pe care i-ar putea afecta. Când spunem adevărul, pot fi făcute corecturi în modul în care ne trăim viața. Angajamentele pot fi renegociate sau revizuite, astfel încât să le putem respecta. Forma relațiilor noastre se poate modifica, astfel încât să ne reflecte mai bine conținutul conștienței și să-i permită iubirii să curgă în mod liber și necondiționat.

Putem să-i îngăduim schimbării să aibă loc, atunci când i-a sosit timpul, în loc să o respingem sau să o evităm. Astfel, schimbarea se poate produce într-un mod mai armonios. Viețile noastre nu trebuie să fie zdrobite pentru ca schimbările necesare să se producă.

Atunci când te afli pe o cale spirituală, negarea nu mai este o opțiune. Trebuie să-ți iei angajamentul de a trăi întru adevăr, de a spune adevărul și de a accepta și respecta adevărul celorlalți.

Adevărul și numai adevărul

Le poți spune celorlalți adevărul fără a le spune fiecare detaliu. Oamenii nu pot asculta povești lungi, pentru că pierd din vedere ce este esențial. Așa că scurtează povestea și concentrează-te asupra a ceea ce trebuie să afle celălalt. Dar nu reține informațiile de care este nevoie pentru ca ceilalți să înțeleagă ce ți se întâmplă și felul în care sunt ei afectați.

Spune tot adevărul, dar nu toată povestea. Nu omite detaliile importante. Nu încerca să ascunzi, să învălui sau să reformulezi adevărul pentru a-l face mai ușor de digerat. Uneori, adevărul nu este ușor de digerat. Încercarea de a-i proteja pe ceilalți poate chiar să prelungească suferința. Deci, fii direct. Fii clar. Fii sincer. Fii transparent. După ce ai pus totul pe masă, începe să lucreze conștiența. Iluziile pică.

Presupunerile false sunt corectate. Apare o imagine nouă, mai sinceră. Adevărul ne ușurează. Ne înlătură mizeria din cale. Ne eliberează drumul. Ne face liberi să ducem o viață autentică.

Lucruri importante de reținut

- Ca să auzi adevărul, trebuie să-l asculți. Dacă stărui asupra unui lucru destul de mult, adevărul apare negreșit.
- A spune adevărul este un act de curaj. Creează o mai mare intimitate între oameni.
- Atunci când adevărul nu este onorat ca parte a unui proces organic, erupe brusc, pe neașteptate. Oamenii se simt răniți, abandonați sau trădați. Acesta este prețul negării.
- Există un moment potrivit de a spune adevărul și unul nepotrivit. Există o manieră corectă de a spune adevărul și una greșită.
- Atunci când spui adevărul, folosește limbajul iubirii. Limbajul iubirii sprijină, înțelege și respectă. Îi înalță pe ceilalți, nu îi coboară.
- Cere să fii acceptat, nu aprobat. Iubirea nu se bazează pe aprobare, ci pe acceptare și respect reciproc.
- Ascultă astfel încât ceilalți să se simtă auziți și acceptați. Nu interveni cu părerile tale. Nu judeca, nu critica, nu evalua și nu da replici nesolicitate.

REZULTAT ÎNLESNIT:

Respectarea angajamentelor, a fi de încredere

MANDALA/ROATA TERAPEUTICĂ

Direcție: Sud
Ciclu solar: Solstițiul de vară (21 iunie)
Ciclu lunar: Lună plină (180°)
Ciclu cotidian: Amiază (ora 12.00)

PROCES/STADIU:

Expresie de sine, strălucirea propriei lumini

OBIECTIV ENERGETIC:

Respectarea ritmului, extindere, înflorire

5

Fă ceea ce spui

Întrebare transformațională:

Sunt dispus să mă țin de promisiune chiar dacă este greu?

A face ceea ce spui înseamnă că se poate avea încredere în tine că te vei prezenta la momentul și la locul promis. Ceilalți se pot baza pe tine. Știu că te vei ține de cuvânt.

A fost o vreme când înțelegerile se încheiau printr-o strângere de mână și, când cineva își dădea cuvântul, te puteai baza pe acea persoană. Acest lucru crea încredere și le îngăduia oamenilor să funcționeze ușor și eficient.

Astăzi ne-am îndepărtat de acest mod de a fi. Suntem suspicioși, avem mult mai multă îndoială decât încredere.

Suntem pesimişti în privinţa capacităţii celorlalţi de a se ţine de cuvânt şi de a face ceea ce au promis. Nici în privinţa noastră nu suntem siguri că ne putem ţine promisiunile.

O lume în care angajamentele nu sunt respectate şi oamenii nu pot avea încredere unii în ceilalţi este o lume dură. Ordinea este greu de găsit. Legăturile dintre oameni se destramă uşor. Loialitatea este rară. Cum poţi să trăieşti şi să faci afaceri într-o astfel de lume?

Avem de ales: să decidem dacă suntem dispuşi să facem ceea ce spunem, să arătam prin acţiunile noastre că se poate avea încredere în noi şi că ceilalţi se pot baza pe noi.

Putem decide dacă vrem să fim un prieten, un coleg sau un partener de încredere.

În ziua de astăzi, cuvintele nu valorează mai nimic. Oamenii spun multe lucruri de care nu sunt siguri. Fac promisiuni pe care nu le respectă. Îi dezamăgesc pe cei din jur. Se dezamăgesc pe ei înşişi.

Nu fi o astfel de persoană. Foloseşte practica spirituală din acest capitol ca unealtă care să te ajute să te dedici oamenilor şi cauzelor pe care pui preţ. Foloseşte-o pentru a clădi încredere şi pentru a fi un om care se ţine de cuvânt.

Când pui întrebarea transformaţională „Sunt dispus să mă ţin de promisiune chiar dacă este greu?“, îţi reamintești de faptul că poţi face o alegere în fiecare moment. Faci o astfel de alegere nu o dată sau de două ori, ci de sute de ori pe săptămână.

Generozitate *versus* realism

Unii oameni „se dau“ mai mari decât sunt. Fac planuri grandioase pe care nu le pot implementa şi promisiuni uriaşe pe care nu le respectă. După un timp, ceilalţi descoperă că era numai gura de ei. Aceşti oameni vorbesc frumos, ştiu cum să-i amăgească pe ceilalți, să-i facă să se entuziasmeze și să creadă în cai verzi pe pereți.

Din păcate, nu au nimic de dat. Balonul se sparge și aterizează pe pământ, complet dezumflat. Ceilalți sunt dezamăgiți, poate chiar furioși.

Nu fi un astfel de om. Nu te umfla în pene, făcând promisiuni de care nu te poți ține. Observă-ți comportamentul înainte ca ceilalți să devină victima ta. Întreabă-te: „Pot să mă țin de cuvânt sau nu fac decât să-i amăgesc pe ceilalți? Fac o astfel de promisiune doar ca să atrag atenția? Spun multe, dar fac puține?"

Dacă da, vorbește mai puțin și fă mai mult. Fă mai puține promisiuni. Ține-te de cuvânt. Fă-le cinste oamenilor cu înghețată, apoi fă-ți apariția cu un tort. Depășește așteptările celorlalți. Oferă mai mult decât ai promis că dai. Atunci vei inspira încredere. Oamenii se vor bucura să te vadă. În loc să spună „Uite-l și pe escrocul ăsta", vor spune „Uite-l pe tipul cu înghețatele".

N-ai vrea ca oamenii să întrebe „Unde-s înghețatele?" de fiecare dată când te văd. Arată-le înghețata, hrănește-i bine, iar astfel ei te vor iubi și te vor respecta. Reputația ta va avea de câștigat. Nu fi genul de om care îi dezamăgește pe ceilalți. Nu va ieși nimic bun din asta.

Cea mai bună regulă pentru fiecare escroc este „Ține-ți gura. Lasă ca faptele să vorbească. Arată că ești serios. În cele din urmă, oamenii vor începe să te ia în seamă".

Nu căuta aprobare. Nu-ți asuma meritul, oricât de mult ți l-ai dori. Fă doar ceea ce trebuie făcut. Taie lemne, cară apă. Oferă-te voluntar la bucătărie. Fii smerit și oferă-ți contribuția. Fă-ți treaba fără să atragi atenția asupra ta. Oferă fără să aștepți ceva în schimb.

Atunci când dai din inimă, pui în mișcare procesul de abundență autentică. Oamenii apreciază când te ții de cuvânt și încep să te aprecieze. Energia se acumulează și, în cele din urmă, se întoarce la tine. Primești aprecierea pe care ți-o dorești, însă acum o meriți.

În trecut, spuneai multe, dar nu reușeai să realizezi nimic. Acum spui mai puține și faci mai multe. Acum, faptele tale vorbesc mai tare decât cuvintele.

Cum pășești?

Unii oameni se grăbesc mereu. Au planuri mari și încearcă atât de mult să le realizeze, încât nu se bucură prea mult de calea lor. Rareori au timp să stea în grădină și să observe că ploaia a accentuat culoarea ierbii și că mugurii înfloresc. Calea lor este stresantă. Probabil că sunt dependenți de muncă.

Alți oameni au foarte puțină motivație în viață. Stau în grădină cu o țigară sau o sticlă de vin, iar singura cale pe care o parcurg este de la apartamentul lor la grădină. Câteodată nici nu mai ajung la apartament. Acestea sunt două extreme. Niciuna dintre ele nu e sănătoasă.

Calea ta cum este? Este agitată și stresantă sau leneșă și plictisită? Sari din pat direct la lucru sau te lupți să te scoli de dimineață?

Oamenii care muncesc prea mult sau prea puțin sunt mânați de rănile din copilărie. Le lipsește, de obicei, respectul de sine. Fie cred că nu pot să facă ceva și nici măcar nu mai încearcă, fie cred că trebuie să facă ceva și fac dintr-un simț al datoriei sau din sacrificiu.

Cel mai bun mod de a învăța să mergi este prin a face pași de bebeluș. Oamenii cărora le lipsește respectul de sine nu știu cum să facă astfel de pași. Adeseori au idei grandioase. Încearcă să alerge înainte să meargă și cad direct în nas. Acest tipar de autodistrugere nu face decât să le adâncească lipsa de respect de sine și să-i țină blocați în cercul vicios al eșecului. Acești oameni trebuie să învețe să-și fixeze și să atingă obiective realiste, de scurtă durată. Trebuie să învețe să se târască înainte să învețe să meargă.

Cei care încearcă să-și demonstreze valoarea muncind neîncetat și/sau îngrijindu-i pe alții au o lecție diferită de învățat. La început, au mult succes, pentru că știu să se țină de promisiune. Trec direct prin pașii de bebeluș și, în scurt timp, o iau la goană. Dar nu știu și cum să se oprească. Devin dependenți de fugă și se opresc abia când se epuizează. Chiar și atunci, după ce-și îngrijesc rănile, o pornesc iar la drum. Le place să sufere.

Trebuie să se oprească din această goană. Trebuie să se centreze și să-și dedice un timp pentru a fi ei înșiși. Când privesc în interiorul lor, își dau seama că sunt nefericiți, deoarece nu fac ceea ce vor să facă. Nu fac decât să se sacrifice și să caute iubirea și aprobarea celor din jur.

Atât cel care realizează prea puțin, cât și cel care realizează prea mult trebuie să învețe să meargă cu pași de bebeluș. Fiecare trebuie să vadă ce-și dorește și să facă pași de bebeluș pentru a obține acel lucru. Niciunul dintre ei nu pășește încă ferm prin viață.

A învăța să mergi

Iată câteva reguli simple pentru a învăța să mergi:

- Decide care este obiectivul tău sau încotro vrei să mergi.
- Fă pași de bebeluș până acolo.
- Dacă iei o trântă, târăște-te înainte până când reușești să te ridici iar în picioare.
- Rămâi concentrat asupra obiectivului și mergi sau târăște-te până când îl atingi.

- Dacă nu-l poți atinge, fixează-ți un obiectiv mai realist.
- Când îți atingi obiectivul, fixează-ți unul nou.
- Pășește cu mai multă încredere. Acumulează energie.
- După ce reușești să-ți îndeplinești obiectivele de scurtă durată, fixează-ți unele pe termen lung.
- Rămâi concentrat și cu picioarele pe pământ. Construiește-ți pas cu pas succesul.

Știu că aceste reguli îți pot părea prea simpliste. Dar trebuie să-ți spun că sunt regulile urmate de oamenii fericiți, care au succes în viață. Dacă nu ești fericit și nu ai succes, probabil că nu urmezi aceste reguli.

Legătura dintre ceea ce spui și ceea ce faci

A face o legătură între ceea ce spui și ceea ce faci te ajută să devii mai coerent și mai puternic. Dacă te uiți la cum cresc copiii, vei vedea că aceștia încearcă să vorbească înainte să meargă. Este în regulă. Este un exercițiu bun. Dar nu-l iei pe copil prea în serios până când legătura dintre vorbire și mers nu se stabilizează.

În momentul în care copilul știe să spună „Înghețată pe băț" și se târăște până la frigider ca să și-o ia (unde poate vrea să guste și din sticla de oțet sau de vin), știi că vorbirea și mersul s-au unit. Ai grijă de îndată ce se întâmplă acest lucru.

Legătura dintre vorbire și mers este puternică. Părinții au de furcă la început cu ea. Trebuie să stabilească limite și granițe sigure înainte ca cel mic să crească și să ceară cheile de la mașină.

În momentul în care facem ceea ce spunem, începem să avem un impact serios în mediul din jurul nostru. Voința noastră este pusă în mișcare. Devenim creatori activi ai propriei vieți. Dacă acest lucru nu se întâmplă – dacă învățăm să vorbim, dar nu și să mergem –, este o mare tragedie. Nu ajungem să ne înțelegem sau să ne îndeplinim menirea în viață.

O tragedie este și atunci când punem în acțiune ceva ce nu este adevărat și ajungem să ne înstrăinăm de menirea noastră. Unii oameni petrec o viață lucrând la un loc de muncă ce îi aparține altuia. Este trist.

Pentru a face ceea ce spui, trebuie să știi cine ești și ce vrei. Trebuie să-ți fixezi scopuri realiste și să te îndrepți fără ezitare către ele. Atunci când dai de greutăți, trebuie să înveți să le depășești. Nu poți să te dai bătut doar pentru că a apărut un obstacol sau lucrurile nu sunt așa cum vrei tu să fie.

Trebuie să ai răbdare și să-ți păstrezi concentrarea. Trebuie să perseverezi, în pofida dificultăților. Trebuie să-ți respecți angajamentele și să te ții de promisiuni. Oamenii trebuie să se poată baza pe tine. Trebuie să cultivi încredere, respect și loialitate.

Nu spun că este ușor. Nu este. Dar este necesar dacă vrei să-ți înțelegi menirea și să ți-o îndeplinești. Dacă nu ești dispus să-ți ții promisiunea, orice ar fi, visurile tale nu se pot împlini.

A folosi întrebarea transformațională

Întrebarea transformațională „Sunt dispus să mă țin de promisiune chiar dacă este greu?“ ne ajută să înțelegem că, uneori, viața ne va pune la încercare. Uneori obiectivele noastre nu pot fi îndeplinite cu ușurință. Trebuie să ieșim în lume și să facem bani pentru masa de cină. Nu putem să așteptăm să ne fie servită pe un platou de argint.

Câteodată trebuie să faci față unor obstacole și unor încercări neprevăzute. Dacă nu vrei să ai răbdare și să lucrezi din greu pentru ceea ce-ți dorești, este posibil să nu obții ceea ce vrei. Scuzele nu te vor ajuta. Dacă nu te prezinți, votul tău nu poate fi numărat.

Fii atent la modul în care te opui. Sunt momente când, pur și simplu, nu vrei să te ții de cuvânt. Poate că ești obosit sau deprimat. Nu vrei să mergi la școală, la lucru sau să-ți însoțești partenerul la evenimentul caritabil. Ai face orice ca să scapi.

Întrebarea este: poți să te ții de cuvânt dacă nu vrei? Aceasta este întrebarea ce valorează cincizeci de milioane de dolari. Este ușor să te ții de promisiune atunci când vrei. Abia atunci când nu vrei ești testat. Iar trecerea acelui test este extrem de importantă.

Îmi aduc aminte că, într-o seară răcoroasă, pe când locuiam în Santa Fe, simțeam că nu vreau să mă duc la grupul meu de afinitate. Voiam să stau în fața șemineului și să mă uit la un meci de fotbal. Mă gândeam să sun un membru al grupului ca să-l rog să-mi țină locul. Dar, în acel moment, mi-am dat seama că mă opuneam și că trebuia să-mi înving starea de indispoziție. Așa încât mi-am pus haina de iarnă pe mine și am ieșit pe ușă.

A fost cea mai reușită întâlnire la care am participat. Ceea ce s-a împărtășit a fost atât de sincer și de autentic, încât mi-a topit inima. Știam că mă aflu la locul potrivit. Și eram fericit că avusesem voința de a-mi respecta angajamentul. Dacă n-aș fi fost dispus să fac acest lucru, aș fi pierdut o experiență importantă. M-aș fi trădat pe mine însumi și i-aș fi dezamăgit pe ceilalți.

Bineînțeles că sunt și momente când, pur și simplu, nu-ți poți păstra angajamentele, dar trebuie să fii sincer cu ceilalți. La mine a fost altfel. Era un moment când puteam alege dacă îmi țin sau nu angajamentul. A fost o alegere importantă – un moment definitoriu.

Și tu vei trece prin astfel de momente, când ești încercat, când îți vine să te opui și nu vrei să-ți respecți angajamentele. Iar acelea vor fi și pentru tine momente definitorii.

Fiecare dintre noi este testat. Uneori trecem testul, alteori, nu. Ideal este ca, atunci când nu-l trecem, să nu ne dăm bătuți, ci să învățăm din greșeli și să ne reînnoim promisiunile. Ideal este să ne reluăm doar acele angajamente față de obiectivele și relațiile care ne interesează cu adevărat. Ideal este să învățăm să ne ținem promisiunile față de noi înșine și față de ceilalți.

Nu te poți afla pe o cale spirituală dacă inventezi mereu scuze prin care să justifici de ce nu te poți ține de cuvânt. Nu poți fi un discipol spiritual dacă nu ești dispus să faci ceea ce spui. Și nu poți fi un model pentru ceilalți, dacă nu-ți respecți angajamentele. Cuvântul tău trebuie să fie ca aurul. Oamenii trebuie să poată avea încredere în ceea ce spui și să știe că este în armonie cu ceea ce faci.

Un maestru bun este răbdător și smerit. Își ia timpul de care are nevoie pentru a învăța să meargă. Nu face multe promisiuni, dar se ține de cuvânt. Ceea ce face este în armonie cu ceea ce spune. Însă face mai mult decât spune. Nu atrage atenția asupra sa, ci le mulțumește celorlalți pentru propriul succes. Oamenii se simt bine pe lângă el pentru că lumina sa este strălucitoare și inima îi e deschisă. Este o prezență înălțătoare în viața lor.

Lucruri importante de reținut

- Tu decizi dacă îți ții sau nu cuvântul sau dacă îți respecți promisiunile. Tu decizi dacă ești de încredere sau nu. Nimeni nu te poate forța să faci ceva dacă nu vrei.
- Păzește-te de grandomanie. Este falsă și înșelătoare. Nu face promisiuni pe care nu le poți respecta. Vorbește mai puțin și realizează mai mult. Promite mai puțin și înfăptuiește mai mult.
- Întrebarea este: poți să te ții de cuvânt dacă nu vrei? Aceasta este întrebarea ce valorează cincizeci de milioane de dolari. Este ușor să te ții de promisiune atunci când vrei. Abia atunci când nu vrei ești testat. Nu te afli pe o cale spirituală dacă inventezi mereu scuze prin care să justifici de ce nu te poți ține de cuvânt. Nu poți fi un discipol spiritual dacă nu ești dispus să faci ceea ce spui. Și nu poți fi un model pentru ceilalți dacă nu-ți respecți angajamentele.

REZULTAT ÎNLESNIT:

Creativitate și îndeplinirea scopului vieții

MANDALA/ROATA TERAPEUTICĂ

Direcție: Sud-est
Ciclu solar: 5 august
Ciclu lunar: Lună în descreștere,
înainte de ultimul pătrar (225°)
Ciclu cotidian: Mijlocul după-amiezii (ora 15.00)

PROCES/STADIU:

Discriminare, separarea meiului de neghină

OBIECTIV ENERGETIC:

Recoltă, culegerea fructelor

6

Urmează-ți inima

Întrebare transformațională:

Este aceasta ceea ce vreau să fac cu adevărat?

Întotdeauna știi când inima participă sau nu într-o situație. Atunci când participă și inima, ai multă energie și entuziasm. Abia aștepți să înceapă ziua și să vezi ce oportunități îți aduce. Te uiți la obstacole ca la niște provocări creatoare. Atitudinea ta generală este una pozitivă și plină de speranță.

În schimb, când inima nu participă, îți lipsește energia și motivația. Descoperi că ești lent, plictisit și chiar deprimat. Abia aștepți să se facă ora când să pleci de la serviciu și, dacă următoarea zi e tot lucrătoare, nu o aștepți cu bucurie. Obstacolele te apasă greu. Dispoziția ta generală este, în cel mai bun caz, neutră și, în cel mai rău caz, negativă. Probabil că ai o perspectivă pesimistă asupra vieții.

Dacă te uiți la cele două situații, nu poți să nu te întrebi: „De ce nu-și urmează toată lumea inima?“ Răspunsul nu este unul ezoteric. Mulți oameni pun preț pe siguranță mai presus de toate. Sunt dispuși să se trădeze pe ei înșiși pentru promisiunea unui salariu stabil, presărat cu prime. Detestă să-și asume riscuri, pentru că nu vor să-și periclițeze starea de siguranță.

Majoritatea nu suntem încurajați să ne vedem și să ne dezvoltăm talentele și darurile. Nu suntem sprijiniți să ne îndeplinim menirea sau propriile nevoi. Creativitatea este privită drept ceva interesant, dar fără posibilitatea de a asigura cele necesare traiului. Părinții și alte figuri autoritare încearcă să-i ghideze pe tineri spre același tipar prin care vor reuși să-și câștige existența. Tânărul pictor este încurajat să fie agent de bursă. Muzicianul este presat să urmeze facultatea de drept.

Societatea se așteaptă să ne conformăm și să ne integrăm în instituțiile consacrate. Este sceptică față de orice e nou sau neobișnuit. Chiar și în America, unde inovația este foarte apreciată, legătura dintre nonconformism și inovație nu e remarcată sau prețuită. Nimeni nu face legătura între ele. Asta doar dacă nu o cer numele și faima. Aici, bogătașii sunt adorați chiar și dacă sunt ciudați.

Adevărul este că toată lumea e ciudată. Fiecare persoană este unică în creativitatea sa. Fiecare are potențialul de a se individualiza și de a-și îndeplini potențialul creativ. Asta înseamnă, firește, că viața sa nu va semăna cu a altcuiva.

Puțini oameni se nasc cu dorința creatoare de a-și exprima talentul unic indiferent de consecințe. Majoritatea oamenilor învață să capituleze. Se mulțumesc cu prima carieră sau căsnicie care le iese în cale. Sunt de părere că „este mai bine atât decât nimic“. Se așază la casa lor.

Douăzeci sau treizeci de ani mai târziu, se trezesc întrebând: „Ce-am făcut? De ce am acceptat o carieră la care să nu poată participa și inima mea? De ce am acceptat o relație cu cineva alături de care nu pot avea experiența intimității?“

Asta nu înseamnă că trădarea de sine este o totală pierdere de vreme. Uneori, trebuie să ajungem la fundul sacului ca să ne dăm seama că am luat-o pe drumul greșit. Aflăm lucruri utile. În cele din urmă, trădarea de sine duce la trezire. Deci, nu trebuie să plângem trecutul. Putem să învățăm lecțiile pe care ni le dă.

Întrebarea transformațională „Este aceasta ceea ce vreau să fac cu adevărat?“ ne ajută să înțelegem dacă mergem tot pe drumul greșit sau dacă am început să facem o alegere care să ne onoreze. Dacă răspundem cu „nu“, înțelegem că trebuie să ne oprim din drum și să facem cale întoarsă. Întrebarea ne trezește. Spune: „Gata cu trădarea de sine. Urmează-ți inima.“

Ce-și dorește inima

După ce ai trăit douăzeci sau treizeci de ani trădându-te, căutând să le faci altora pe plac și să duci viața pe care vor ei să o duci, este greu să afli ce-ți dorești. Trebuie să fii foarte hotărât ca să afli și să ai multă răbdare de-a lungul procesului. Să nu-ți fie teamă să răspunzi la întrebarea transformațională prin cuvintele „Nu, nu este ceea ce vreau eu să fac“.

Acesta este primul pas. Ani de zile ai răspuns „da“ fiindcă ai vrut ceea ce au dorit alții pentru tine. Ai vrut să le faci pe plac și să te accepte părinții, soțul și vecinii. Ai confundat trădarea de sine cu „altruismul“. Ai crezut că urmezi o chemare mai înaltă, deci nu e de mirare că ai spus „da“.

Acum știi că a fost o prostie. Trădarea de sine nu făcea parte dintr-o chemare mai înaltă. Ceilalți nu au beneficiat de pe urma acestei trădări, iar tu ai renunțat la șansa de a-ți trăi cu adevărat viața așa cum vrei tu. Nu a fost deloc o afacere bună. A trebuit să te minți și să crezi tu însuți acea minciună, ca să poți merge mai departe.

Dar acum nu mai contează. Te rog să nu te învinovătești pentru alegerile pe care le-ai făcut în mod inconștient. Fii-i recunoscător trecutului că ți-a arătat ce nu dă rezultate. Acum, poți să revendici ceea ce dă rezultate. Acum, te poți trăda pe tine însuți, doar dacă o faci la nivel conștient. Vei ști că îți cedezi puterea și o vei face în cunoștință de cauză. Dar acum, că ai fost avertizat, mă îndoiesc, totuși, că vei fi atât de nesăbuit încât să-ți cedezi puterea în mod conștient.

A venit vremea să te respecți și să-ți îndeplinești menirea de pe acest Pământ. Iar acest lucru înseamnă să renunți la munca sau la relațiile care nu-ți fac cinste. Dă-ți putere. Folosește-ți discernământul și luptă pentru ceea ce-ți dorești. Nu te mulțumi cu mai puțin.

Acum e timpul să fii tu însuți, și nu acea persoană pe care și-o doresc ceilalți. Renunță la relațiile care te fac să te trădezi. Cultivă relații noi care îți sprijină libertatea creatoare, individualitatea și realizarea de sine. Renunță la vechea familie disfuncțională, care te ține legat de trecut. Găsește-ți noua familie spirituală, care te va ajuta să renaști.

Este destinul fiecărei omizi să devină un fluture. Când intră în coconul său transformator, nu mai este o omidă. Este o decizie profundă și ireversibilă. Nu mai poate da înapoi. Trebuie să meargă înainte, să-și dezvolte aripi și să învețe să zboare.

Același lucru este adevărat și pentru tine. Odată ce te trezești și remarci trădarea de sine, nu o mai poți continua. Vechiul sine fals moare, iar cel nou, adevărat, ia naștere.

Unește-te cu dorința ta

Cuvântul „dorință“ a primit o reputație proastă în spiritualitatea occidentală. Vechea tradiție calvină ne cere să ne depășim sau să ne transcendem dorințele, mai ales pe cele de natură sexuală. Sexul nu este considerat ceva bun decât dacă ești căsătorit – și nici atunci nu este privit prea bine. Este doar o slăbiciune a cărnii. Atâta vreme cât o faci dintr-un simț al datoriei, este în regulă. Dacă te simți bine, comiți un păcat.

Ce mod bizar de a gândi și de a trăi, nu-i așa? Când crezi că trupul este ceva rău și că sexul e degradant, probabil că nu te vei bucura prea mult de viață. Probabil că vei trece prin viață copleșit de sentimente de frică și de vinovăție.

A venit timpul să înțelegem că dorința este fundamentul vieții. Fără dorință nu există energie, motivație, experiență. Dorința pune lumea în mișcare. Face ca inima să bată. Te ajută să-ți îndeplinești menirea. Fă din ea un lucru rău, condamn-o și încearcă să o elimini – și ajungi să-ți creezi o viață mizerabilă. Mai bine te îmbraci în negru și mergi direct la înmormântare. Ce altceva ai putea face?

Alternativa este, desigur, de a accepta trupescul, de a iubi Pământul și creaturile sale. Bucură-te de sexualitate și înțelege că face parte din energia creatoare a Universului. Sarcina ta, ca om, nu este de a respinge ceea ce ești sau de a-ți nega energia, ci de a fi tu însuți și de a-ți dirija energia într-un mod care să ducă la împlinire.

Îți poți imagina o lume în care toți oamenii sunt deschiși, nu închistați? Ar fi o lume mult mai interesantă și mai dinamică decât cea pe care o avem. O viață trăită pe deplin nu este seacă și plictisitoare. Este minunată și interesantă.

Ce fel de viață îți dorești? Vrei să fii unit cu energia dorinței și să participi la procesul de creație? Sau vrei să-ți respingi toate dorințele și să-ți faci doar datoria? Vrei împlinire sau sacrificiu? De tine depinde. Este alegerea ta.

Oamenii plătesc un mare preț pentru viața de negare și sacrificiu pe care o trăiesc. Se deconectează complet de dorințele lor. Nu știu ce vor. Dacă le pui întrebarea transformațională „Este aceasta ceea ce-ți dorești cu adevărat?“, habar n-au ce să răspundă.

Știu ce vor ceilalți de la ei, dar nu și ei înșiși.

Nu te mira dacă ești unul dintre ei. Dacă ești, trebuie să începi cu începutul.

Iată câteva întrebări cu care să pornești:

- Îți place înghețata cu aromă de vanilie, de ciocolată sau de căpșune?
- Dacă nu-ți place niciuna, ce arome preferi?
- Dacă nu-ți place înghețata, ce mâncăruri preferi?
- Dacă nu-ți place mâncarea, ce-ți place?
- Dacă nu-ți place nimic, ce-ți place la asta?

Acum, dacă ai reușit să răspunzi la aceste întrebări clar și fără ezitare, mai ai speranțe. Dacă nu, trebuie să lași cartea din mână și să suni imediat la 1-800-AJUTOOOOR!

Glumesc. Nu suna la numărul ăsta. Trebuie să-ți găsești propriul număr și să suni acolo. Trebuie să descoperi ce-ți place și ce-ți dorești cu adevărat. Trebuie să descoperi ce anume te entuziasmează, ce te atrage.

Întreabă-te: „Ce-mi place cel mai mult? Ce-mi aduce bucurie și plăcere? Ce anume mă pasionează și mă face să-mi dedic toată atenția?“ Ori de câte ori primești un răspuns, găsește un mod de a ține seama de el. Urmează-ți inima sau, așa cum ne sfătuiește Joseph Campbell, „Urmează-ți fericirea“.

Dacă răspunsurile nu apar, continuă să pui întrebările. În momentul în care inima înțelege că întrebările nu vor dispărea, răspunsurile vor începe să apară.

A trăi cu bucurie în abundență

Atunci când începi să te respecți pe tine însuți, energia Universului te susține. Nu te poate susține cu adevărat atâta vreme cât trăiești în sacrificiu și trădare de sine. Nu poate susține așa ceva.

Să spunem că ai fi un râu și ai refuza să curgi. Cum ar putea să te sprijine Universul? Cum te-ar putea susține legile gravitației? Nu se poate. Râurile trebuie să se reverse în mare. Oamenii trebuie să trăiască întru bucurie și împlinire creatoare. Cheltui enorm de multă energie prin faptul că te opui vieții. Nu te mai opune, iar energia va fi eliberată pentru a te duce mai departe.

Atunci când te respecți pe tine însuți, te plasezi în curgerea energiei universale. Te miști odată cu râul în loc să încerci să înoți contra curentului. Viața devine mai ușoară. Lucrurile care erau grele sunt făcute cu mai multă ușurință, fără luptă sau mare efort.

Dacă nu crezi acest lucru, încearcă mai întâi cu lucruri simple. Dă-ți voie să ai ceea ce-ți dorești cu adevărat și vezi cum este. Nu-ți mai refuza iubirea și acceptarea. Fii bun și generos cu tine însuți. Găsește plăcere în faptul că îți oferi ceea ce-ți trebuie. Nu te simți vinovat că faci asta. Fă-o și bucură-te. Vezi ce se întâmplă.

Pune întrebarea transformațională „Este aceasta ceea ce-mi doresc cu adevărat?“ și, dacă răspunsul este „da“, fă-o. Iar dacă răspunsul este „nu“, nu o face. Pune întrebarea de mai multe ori, astfel încât să te armonizezi cu ceea ce-ți trebuie și îți dorești.

Treptat, vei începe să vezi rezultate. Te vei simți mai bine cu tine însuți și cu ceilalți. Vei fi fericit și împlinit. Vei înțelege că a avea grijă de tine te înalță și le aduce celorlalți bucurie și energie.

Cu cât te onorezi mai mult, cu atât râul vieții tale va curge cu mai multă forță. Te vei deplasa cu mai multă pasiune către împlinire. Vei rămâne concentrat asupra obiectivelor tale și le vei putea îndeplini. Vei avea abundență în toate domeniile vieții. Iată roadele acestei practici.

Lucruri importante de reținut

- Dorința este sursa de energie care te pune în mișcare. Învață să o prețuiești și să intri în contact cu ea. A ști ce vrei și a acționa în conformitate nu este ceva egoist. Este realizare de sine și îți aduce bucurie și energie, mai întâi ție, apoi și celorlalți.
- Sacrificiul și lupta sunt măsura eșecului. Bucuria și abundența sunt măsura succesului.
- Nu te mai trăda pe tine însuți. Nu te mai forța să faci ceea ce nu vrei să faci.
- Începe să te respecți. Dă-ți voie să ai ceea ce-ți trebuie și îți dorești.
- Fii credincios și devotat ție însuți.
- Ocrotește-ți și exprimă-ți talentele și darurile creative.
- Dă-ți voie să înflorești și să strălucești. De aceea te afli aici.

REZULTAT ÎNLESNIT:

Pace lăuntrică, o viață plină de recunoștință

MANDALA/ ROATA TERAPEUTICĂ

Direcție: Vest
Ciclu solar: Echinocțiul de toamnă
(22 septembrie)
Ciclu lunar: Ultimul pătrar (270°)
Ciclu cotidian: Apusul de soare (ora 18.00)

PROCES/STADIU:

Integrare, armonizare

OBIECTIV ENERGETIC:

Încetinire, centrare

7

Fii senin

Întrebare transformațională:

Pot să fac aceasta fără să mă stresez?

Isus ne-a spus: „Fiți în lume, dar nu îi aparțineți." Ni se cere să nu trăim în trădare sau să ne pierdem în drama rușinii și a învinuirii, ci să ne individualizăm, să ne revendicăm puterea și să fim o lumină pentru ceilalți.

Întrebarea transformațională din acest capitol și cea dinainte ar trebui puse împreună, una după cealaltă. Mai întâi întrebăm „Este aceasta ceea ce-mi doresc cu adevărat?", apoi, dacă răspunsul este „da", întrebăm: „Pot să o fac cu calm, fără să mă stresez?"

Ceea ce facem trebuie să fie sincer și autentic. Dar totul este inutil dacă încercăm să o facem într-un mod tensionat. Scopul și mijloacele trebuie să se afle în acord. Ceea ce facem și maniera în care o facem trebuie să fie într-o perfectă armonie. *Noi înșine* trebuie să fim într-o stare de pace și armonie.

Dacă răspunsul la prima întrebare este „Nu, nu este ceea ce-mi doresc cu adevărat“, atunci nu o face. Nu te trăda. Nu te vinde.

Dacă răspunsul este „da“, pune și întrebarea: „Pot să o fac fără să mă stresez?“ Dacă și acum răspunsul este „da“, atunci fă-o, iar dacă răspunsul este „nu“, atunci nu o face. Nu acționa într-un mod care aduce neliniște și stres în viața ta și a celorlalți. Așteaptă până poți acționa cu calm.

Folosirea acestor două întrebări te va ajuta să-ți îndeplinești menirea creativă și să trăiești fericit și împăcat. Ideal este să pui aceste întrebări de fiecare dată când iei o decizie. Chiar dacă uiți să le pui când iei decizii mai neînsemnate, asigură-te că le pui înainte de a lua orice decizie importantă din viață.

Reține că pentru cel care se află pe calea spirituală ceea ce face și cum o face trebuie să fie în armonie. A face ceea ce vrei nu este suficient. Trebuie să o realizezi cu seninătate. Altfel, nu merită.

Această practică spirituală te va împiedica să faci greșeli ce vor trebui corectate în timp. Te poate încetini puțin, dar, în cele din urmă, vei câștiga timp și energie. Aici, „ceea ce nu faci“ devine la fel de important ca „ceea ce faci“. În practica spirituală, a acționa și a te abține de la a acționa trebuie să aibă aceeași greutate.

În trecut, se poate să fi acționat într-un mod menit să te onoreze, însă acțiunea a fost percepută de către ceilalți ca fiind dură sau lipsită de sensibilitate. Poate că ai avut o idee bună, dar ai executat-o într-un mod dictat de rănile interioare, declanșând în ceilalți ostilitate și lipsă de încredere. Acest lucru poate fi evitat prin întrebarea: „Pot face acest lucru fără să mă agit și fără să-mi provoc stres, atât mie, cât și celor din jur?"

Mai este o întrebare ce te-ar putea ajuta să nu greșești față de ceilalți. Întreabă: „Este acest lucru spre binele meu cel mai înalt și spre binele cel mai înalt al celorlalți?" Dacă nu este spre binele tău cel mai înalt, nu o face. Dacă nu este spre binele cel mai înalt al celorlalți, oprește-te. Așteaptă până poți răspunde „da" la ambele părți ale întrebării.

Poți vedea că această practică cere să ai răbdare. Cere să te abții de la multe acțiuni pe care le-ai făcut în trecut. Înseamnă că viața ta încetinește și devine mai spațioasă. Dezvolți mai multă sensibilitate față de tine și față de ceilalți. Eviți neînțelegerile și greșelile din trecut.

În timp ce spiritualitatea occidentală se concentrează, în principal, pe ceea ce trebuie, spiritualitatea orientală ne ajută să înțelegem de la ce ar trebui să ne abținem. A face și a nu face sunt două practici spirituale gemene. Conceptul hindus Ahimsa (nevătămare/nonviolență), folosit atât de eficient de către Gahndi, funcționează perfect alături de conceptul creștin „Iubește-ți aproapele ca pe tine însuți".

Fă doar ceea ce este de folos. Abține-te de la ceva ce dăunează. Spune doar ceea ce e de folos. Abține-te de la a spune ceva ce nu folosește nimănui. Pe măsură ce te cufunzi în această practică, vei începe să înțelegi că ceea ce *nu* spui și *nu* faci este la fel de important ca ceea ce ajungi să spui și să faci.

Identificarea locului și momentului potrivit

Preoții ne spun că există un moment pentru fiecare lucru. Există un moment în care să acționezi și unul în care să te abții de la a acționa, un timp în care să cultivi și altul în care să coși, un moment în care să vorbești și altul în care să păstrezi liniștea.

În calitate de persoană aflată pe calea spirituală, trebuie să înveți să intuiești și să simți când un moment este potrivit și când nu este. De obicei, există semne. Dacă ești agitat sau vezi pe cineva agitat, s-ar putea să nu fie momentul potrivit.

Dacă pare a fi ceva făcut în grabă sau la nimereală, forțat sau constrâns, probabil că nu este timpul potrivit.

Atunci când pui întrebarea transformațională „Pot să o fac cu seninătate?", iar răspunsul este „da", probabil că este momentul adecvat. Binele tău cel mai înalt și binele cel mai înalt al celorlalți pot fi servite doar atunci când vorbești și acționezi la timpul potrivit.

Atunci când trăim cum trebuie, trăim în curgerea creatoare a Universului. Știm când e momentul să vorbim și când este să ascultăm. Știm când e timpul să sărim în râu și când să ieșim afară. Viața este plină de furtuni și de schimbări neașteptate. Atunci când ascultăm suficient de atent, putem auzi cum vine vijelia și putem acționa spre binele cel mai înalt al tuturor.

Bineînțeles că nu vom fi perfecți. Vom mai face greșeli. Vom mai avea lecții de învățat. Dar este în regulă. Obstacolele și încercările de pe cale ne fac să fim smeriți și ascultători. Ne ajută să ne dăm jos de pe calul nărăvaș și să nu ne luăm pe noi înșine prea în serios. Ne învață să râdem de cusururile noastre.

Rugăciunea seninătății

Rugăciunea seninătății oferită de Reinhold Niebuhr este unul dintre cele mai importante instrumente care ne pot ajuta să trăim liniștiți.

Doamne, dă-mi seninătatea de a accepta ceea ce nu pot să schimb, curajul de a schimba ceea ce pot și înțelepciunea de a ști să fac deosebirea între ele.

Aceste cuvinte simple ne arată cum să trăim fără agitație sau vinovăție. Există unele lucruri pe care nu le putem schimba. Trebuie să învățăm să le acceptăm, chiar și atunci când este dificil. Trebuie să ne trăim experiența cu cât mai multă compasiune. Altfel, vom ajunge să ne dăm cu capul de pereți.

Unele lucruri pot fi schimbate prin curaj și inițiativă. Un cuvânt spus la momentul potrivit sau oprirea unei bătăi poate salva viața unui om. Dar, de cele mai multe ori, răbdarea și perseverența sunt mai valoroase când alegi să te confrunți cu nedreptatea sau abuzul. Schimbarea inimilor și a minților oamenilor se întâmplă rareori peste noapte. De cele mai multe ori durează o viață. Uneori, durează generații. Ceea ce contează este ca, atunci când se ivește ocazia, să facem doar ceea ce ține de noi.

Persoana care trăiește în curgerea creatoare a Universului știe când este momentul potrivit să accepte și când e momentul să se ridice în picioare și să acționeze. Nu există o regulă de bază. Trebuie „să fii pe fază“. Trebuie să folosești întrebarea transformațională pentru a înțelege dacă și când se creează momentul potrivit.

Grația în desfășurare

Grația se arată atunci când îi permitem. Atunci când nu ne mai amestecăm în treburile altora, când nu mai încercăm să deținem controlul, să manipulăm, să influențăm sau să facem presiuni asupra celorlalți, le oferim spațiul de care au nevoie pentru a-și urma inima. Iar acest lucru este bun pentru noi. Nu vrem ca ceilalți să ne urmeze dacă nu este spre binele lor cel mai înalt. La urma urmei, binele lor cel mai înalt și al nostru sunt unul și același.

Este ceva ce trebuie să învățăm. Credem că vom fi mai presus dacă îl facem pe altul să fie mai prejos. Credem că prin exercitarea controlului putem obține ceea ce vrem. Dar nu este adevărat. Ceea ce-i rănește pe ceilalți ajunge, în cele din urmă, să ne rănească și pe noi.

Trebuie să învățăm care sunt granițele sănătoase. Trebuie să le oferim celorlalți spațiul în care să fie ei înșiși. Trebuie să le respectăm alegerile și să le cerem și lor să le respecte pe ale noastre. Atunci când viața ne aduce, cu grație, împreună, putem să pornim la dans. Atunci când ne duce în direcții diferite, trebuie să ne dăm drumul unii altora.

În cele din urmă, nimeni nu știe ce este bine pentru noi. Credem că știm, dar nu vedem decât imaginea restrânsă. Trebuie să renunțăm la ea dacă vrem să înțelegem imaginea de ansamblu. Dacă vrem să înțelegem și să apreciem pe deplin rolul pe care îl are cineva în viața noastră, trebuie să-i dăm voie acelei persoane să vină și să plece în libertate.

Atunci când toți ne urmăm inima, grația se arată, iar noi curgem odată cu ea. Tao este prezent în inima și mintea oamenilor. Dansul vieții este recunoscut și apreciat.

Una dintre cele mai importante aptitudini deprinse pe calea spirituală este să știm cum să ne dăm la o parte din cale. Învățăm să renunțăm la așteptări, planuri și nevoia de a-i controla pe ceilalți. Ne predăm ego-ul și lăsăm zarurile să cadă cum vor. Oricât de mult am încerca, nu putem controla unde vor cădea – deci, de ce să ne facem griji? Nu ne va face niciun bine.

Pe calea noastră, este o mare revelație să înțelegem că binele nostru cel mai înalt se arată atunci când ne dăm la o parte din cale și când lăsăm ca lucrurile să se desfășoare. Bineînțeles că ne vom strădui în continuare să vorbim și să acționăm cu integritate și să trăim din inimă, acționând doar atunci când putem acționa cu calm și abținându-ne când nu este momentul sau locul potrivit. Facem atât cât putem, iar apoi „ne detașăm și lăsăm lucrurile în mâna lui Dumnezeu". Avem încredere în Univers.

Atât cât putem face noi este și va fi întotdeauna suficient. Purtând această cunoaștere adânc în inima noastră, lăsăm rezultatul în grija legilor universale ale iubirii ce lucrează în viața noastră.

Lucruri importante de reținut

- Abține-te să acționezi într-un mod care îți provoacă stres, ție și celorlalți.
- A face ceea ce vrei să faci nu este suficient. Trebuie să poți face într-un mod iubitor de pace. Altfel, nu merită făcut.
- În practica spirituală, a acționa și a te abține de la a acționa trebuie să aibă aceeași greutate.
- Dacă nu este spre binele tău cel mai înalt și pentru binele cel mai înalt al celorlalți, nu o face.
- Fă și spune doar ceea ce este de folos. Abține-te de la a face sau a spune ceea ce rănește.

REZULTAT ÎNLESNIT:

A rămâne alert, puternic şi deschis
către posibilităţi

MANDALA/ ROATA TERAPEUTICĂ

Direcţie: Nord-vest
Ciclu solar: 7 noiembrie
Ciclu lunar: Lună în descreştere,
după ultimul pătrar (315°)
Ciclu cotidian: Seara (ora 21.00)

PROCES/STADIU:

Încheiere, detaşare

OBIECTIV ENERGETIC:

Linişte, nemişcare, odihnă în centru

8

Rămâi prezent

Întrebare transformațională:

Iert trecutul și îi permit viitorului să se desfășoare?

Este greu să rămâi în momentul prezent. Este ca un salt în neant, fără a ști dacă Universul te va prinde în brațele sale. Partea bună este că, odată ce ai făcut saltul, de una sau două ori, știi că va fi bine. Dar trebuie să-ți asumi riscul de a cunoaște cu siguranță acest lucru.

Cei mai mulți dintre noi își umplu conștiența și viața cu povești despre trecut și așteptări de la viitor. Toate acestea nu fac decât să întunece mintea și să tulbure inima. Sunt inutile.

Atunci când rămânem în prezent, complexitatea dispare. Complexitatea este dată de conștiența ego-ului, cu plasa ei de învinuiri. Când ego-ul este predat, drama se dizolvă. Ne întoarcem la respirație. Devenim prezenți, aici și acum.

Prezentul este singurul loc unde putem fi vii și conștienți cu adevărat. Este locul unde pot fi găsite puterea și pacea. În momentul prezent, câmpul de posibilități rămâne deschis. Oportunități există din belșug. Este un loc fără limite. Este locul conștienței pure.

Prezentul este centrul Universului. În clipa în care renunți la trecut și la viitor și pătrunzi în inimă, ții în mână cheile sanctuarului lăuntric. Este chiar atât de simplu! Respiră profund și fii prezent. Respiră și fii. Asta este tot.

Majoritatea avem nevoie de mai multă acțiune. Ne este frică de plictiseală, astfel încât ne dăm voie să alunecăm din nou în vreo veche poveste. Povestea aduce la suprafață convingeri și sentimente vechi, iar noi le reciclăm. Acest lucru ne ține de urât. Problema este că ne plasează iar în starea de frică. Atunci când nu ne amintim de trecut, anticipăm viitorul. Facem planuri și visăm. Ne aducem rușinea și frica în prim-plan, legând trecutul cu viitorul. Astfel, ne asigurăm că experiențele vor fi la fel și că ego-ul nostru se va simți în siguranță.

În timp ce reciclăm trecutul și retrăim gândurile și sentimentele de atunci, încercăm să facem planuri, să aranjăm sau să proiectăm viitorul. În mod naiv, ne așteptăm ca rezultatul să fie diferit. Este ca atunci când mănânci numai prăjituri și înghețată și vrei să scazi în greutate. Este total absurd. Calea de a produce schimbări semnificative este de a renunța la trecut. Oamenii pot fi niște creaturi ciudate. Bagă bani în automatele pentru jocuri de noroc și joacă același joc de fiecare dată, așteptându-se să dea lovitura. Când își pierd banii, cred că încă nu le-a sosit timpul. Nu par să se plictisească de vechi povești și planuri fanteziste.

În fond, de ce se droghează oamenii? Vor să scape de acest moment, poate fiindcă sunt plictisiți sau poate suferă. Astfel că își extind și își restrâng conștiența pe cale chimică. Se uită prin caleidoscop, unde lucrurile par foarte interesante. Între timp, uită să mai meargă la lucru. Sar peste cină și se duc să caute ceva de mâncare la ora 3 dimineața. Știi cine iese pe străzi la ora 3 dimineața?

Bine. Unii oameni nu înțeleg un lucru până când nu se lovesc de el. Fie. Nu poți forța pe cineva să rămână prezent dacă îi este frică sau nu vrea să fie aici.

Realitatea nu este niciodată atât de rea pe cât credem noi. Dacă doar am respira și am fi, am vedea prin vălul trecutului și am întâmpina deschis viitorul. Nu este așa cum credem noi. Este mult mai strălucitor și mai interesant.

În *Corinteni* ni se spune: „Mai întâi vedem ca printr-o oglindă neclară, iar apoi față către față."* Pe măsură ce ne trezim, începem să vedem „ceea ce este", nu ceea ce ne așteptăm sau ne temem noi că este. A vedea „ceea ce este" se transformă într-o revelație. Nu ne satisface așteptările egoului. Nu îi aparține fricii noastre. Ne oferă o nouă cale, o nouă viziune, o nouă experiență.

A renunța la trecut

O formă a întrebării transformaționale este de a ne întreba pe noi înșine dacă suntem concentrați în prezent sau dacă suntem concentrați pe trecut. Dacă răspundem sincer, vom descoperi că, de obicei, suntem ancorați în trecut. Nu-i nimic. Nu trebuie să ne facem prea multe griji în această privință. Trebuie doar să vedem: „Toate acestea sunt legate de trecut. Scopul meu este de a rămâne în prezent."

---

* Cf. *I Corinteni* 13, 12. (n. tr.)

Această practică ne aduce în momentul prezent. Firește că ne vom tot întoarce în trecut, dar este în regulă. Practica noastră ne aduce înapoi. Treptat, reușim să rămânem tot mai mult conectați la prezent. Atunci când ne concentrăm asupra trecutului, apar sentimentele de rușine și de frică. Este o ocazie minunată de a vedea cu ce ne încărcăm zi de zi. Cu cât vezi și simți mai mult greutatea trecutului, cu atât îți este mai ușor să te eliberezi de acea povară. Nimeni nu vrea să care bolovani după el. Este prea greu și prea zgomotos.

Ancorarea în trecut ne limitează experiența din momentul prezent. Nu poți fi niciodată cu adevărat prezent. Cu cât te înclini mai mult înspre trecut, cu atât ești mai puțin eficient. E posibil să nu poți merge drept. Dacă este așa, atunci poate că trebuie să faci un test de alcoolemie. Poate că nu te-ai îmbătat cu alcool, dar e posibil să te fi îmbătat cu ziua de ieri, cu luna sau cu anul care a trecut.

Libertatea apare atunci când poți fi pe deplin prezent în momentul de acum. Orice altceva este doar o altă formă de sclavie. Să nu-ți fie frică de prezent. Nu te va mânca de viu. Asta face trecutul. Acesta e ca un aligator uriaș care te trage în adâncurile fluviului. Dar prezentul nu face asta. A fi în prezent este ca atunci când plutești într-o canoe, fără să fie nevoie să vâslești. Ai o priveliște superbă, însă nu știi încotro te îndrepți.

De fiecare dată când rămânem în prezent, primim șansa de a avea încredere în Univers. Râul ori știe în ce direcție curge, ori nu știe. Dar, cu siguranță, mai devreme sau mai târziu, vom afla și noi.

A-i da voie viitorului să se desfășoare

Un lucru de care poți fi sigur este că nu știi în ce direcție curge râul. Nu ai nicio idee. Cu cât afli acest lucru mai repede, cu atât este mai bine.

Întreabă-te câte dintre planurile tale alcătuite cu atâta grijă s-au realizat. Ești un mare materializator sau uiți mereu *Secretul*? Fii sincer. Dacă ești ca noi, trebuie să recunoști că rareori viața se derulează așa cum vrei sau te aștepți tu să o facă.

Am vești pentru tine: nu există niciun secret. Totul este la vedere. Trebuie doar să-ți deschizi ochii. Îți spun pe față: nu știm nimic. Niciunul dintre noi nu-și poate proiecta sau controla viața. Dacă am putea face asta, am fi toți ingineri, și nu poeți, preoți sau vânzători la benzinărie.

Persoana aflată pe calea spirituală poate vorbi despre legea atracției, însă nu are cum să știe ce va apărea în viața sa. Dacă încearcă să-ți spună că lucrurile stau altfel, te minte. Majoritatea oamenilor creează la nivel inconștient. Chiar și aceia care creează conștient fac asta doar uneori. Rezultatul este întotdeauna unul neașteptat.

Îmi aduce aminte de un prieten de-al meu care și-a materializat un Lamborghini în fața casei. Din nefericire, a materializat și un elefant de zece tone peste mașină, deci nu numai că nu a mai putut-o folosi, dar l-a costat și o avere ca să o ducă la fiare vechi. Ca să nu mai vorbim despre elefant. Am menționat că era un elefant alb? În lumea unde domnește legea atracției, elefanții sunt întotdeauna albi. Asta fiindcă sunt mai „spirituali".

În orice caz, sunt sigur că ai prins ideea, chiar dacă nu ești de acord cu mine. Discursul de tip New Age nu se stinge ușor. Asta poate pentru că nu are niciun program de 12 pași.

Nu ai nicio garanție în această viață. Nimeni n-o să-ți spună exact ce-o să se întâmple, ca să te poți pregăti din timp. Nu-ți pierde vremea consultând mediumni și astrologi, preoți sau învățați. Nimeni nu știe. Nu știu nici măcar pentru ei înșiși, darămite pentru tine.

Chiar dacă cineva ți-ar putea spune ce va aduce viitorul, n-ar avea niciun sens. Nu ți-ar putea spune și cum vei reacționa. Iar dacă ai ști dinainte ce va fi, îți va fi mai greu să rămâi prezent atunci când chiar ți se întâmplă.

Pe bune, chiar nu ai de unde să știi. Nu mai încerca să materializezi una sau alta. Renunță. Du-te mai bine la pescuit. Dacă ai nevoie de o etichetă spirituală, atunci spune-i *Zen și arta pescuitului.* Dacă scrii și o carte, te rog să-ți amintești că titlul îl ai de la mine.

Soare și cer senin

Nu știu de ce misticii creștini văd necunoașterea ca pe un nor. Cred că mai corect ar fi să spunem că norul este „a crede că știi". Prin comparație, „a ști că nu știi" este ca o zi însorită, cu un cer albastru senin. Vezi totul așa cum este. Nimic nu este acoperit sau ascuns.

Totul devine și mai frumos dacă poți privi fără să judeci sau să interpretezi. Doar fii prezent și vezi „ceea ce este".

Află că, de îndată ce judeci, încep să vină norii. Începi iar să vezi ca într-o oglindă neclară. Nu vezi ceea ce este dacă privești prin filtrele tale.

Atunci când privești prin lentilele fricii, viața pare mai întunecată decât este. Frica întunecă totul. Albastrul devine cenușiu. Culorile pălesc.

Dar dacă înveți să-ți tratezi teama cu blândețe, viața devine iar viu colorată. Nu le da viață fricilor tale. Nu sunt reale. Fii înțelegător cu ele, iar norii se vor împrăștia.

Această practică spirituală ne cere să fim treji și să privim viața așa cum se derulează ea. Martorul nu se atașează de ceea ce vede, ci lasă ca totul să vină și să plece. Nu încearcă să prezică sau să controleze viața, ci se predă și curge odată cu ea, ca o ramură sau o frunză căzută într-o apă curgătoare.

Detașarea este una dintre cele mai minunate roade ale practicii spirituale. Dacă renunțăm la trecut, prezentul este întotdeauna nou. Vine nestânjenit și liber să fie ceea ce este. Iar noi suntem liberi să-i răspundem așa cum ni se pare nouă potrivit pe moment.

Aceasta este libertatea pentru care am lucrat toată viața. Libertatea de a fi noi înșine și de a le da celorlalți voie să fie ei înșiși. Libertatea de a lăsa viața să se desfășoare în noi și prin noi.

Aici se încheie călătoria. Aici ne întoarcem la tăcere. Stropul de ploaie cade în ocean și devine oceanul. Aici se sfârșește separarea. Misticii au scris despre acest moment. Acum a sosit. Condiționările au încetat. Ușa către iubirea eternă s-a deschis și, în sfârșit, suntem pregătiți să-i trecem pragul.

Aici, personalul și impersonalul se unesc. Iubirea și cel iubit sunt unul și același. Rămânem împreună în Unime. Unirea noastră cu Divinul este acum totală.

Lucruri importante de reținut

- Tot ceea ce este trăiește în acest moment. Când ai o astfel de trăire, știi că:
- Nu ești separat de Sinele tău adevărat.
- Nu ești separat de fratele sau de sora ta.
- Nu ești separat de Dumnezeu.
- Ești și martor, și participant.
- Ești cel care aduce iubire și cel care o primește.

Vă doresc numai bine!

Namaste

Anexe

Reguli de bază pentru Procedeul Grupului de Afinitate

Scopul Grupului de Afinitate este de a oferi și de a primi iubire, acceptare și sprijin, de a crea un spațiu de siguranță, plin de iubire și lipsit de judecată, în care să ne putem deschide inima și să ne depășim fricile.

Regulile de bază ale grupului:

1. Să nu uităm care ne este obiectivul: ne aflăm aici ca să ne iubim și să ne acceptăm unii pe ceilalți, nu ca să ne judecăm, să ne analizăm, să ne salvăm sau să încercăm să ne „îmbunătățim" unii pe ceilalți.
2. Suntem de acord să vorbim din inimă și să fim sinceri în legătură cu ceea ce gândim și simțim.
3. În momentul în care simțim că începem să judecăm pe cineva, vom fi conștienți de ceea ce gândim și ne concentrăm iar atenția, cu blândețe, asupra persoanei care vorbește.
4. Nu vom întrerupe procesul nimănui. Îi vom oferi persoanei care vorbește toată atenția. Nu o vom întrerupe din vorbit pentru a-i comunica părerile personale.
5. Vom sta câte treizeci de minute în tăcere, pentru a prelua în suflet ceea ce a împărtășit fiecare.
6. Nu vom monopoliza timpul și atenția grupului. Le vom acorda cuvântul și celor care au împărtășit mai puține decât noi.

7. Vom face afirmații legate de propria persoană, nu de ceilalți. Ne vom asuma răspunderea pentru propriile experiențe și le vom respecta pe ale celorlalți.

8. Nu ne vom ascunde sentimentele de supărare. Le vom împărtăși cu sinceritate, fără a încerca să-i facem pe ceilalți responsabili pentru felul în care ne simțim.

9. Dacă cineva ne împărtășește că este supărat, vom lua în considerare ce spune. Nu ne vom lua apărarea și nu vom încerca să ne justificăm cuvintele sau actele. Îi vom comunica sentimentele care ne apar pe moment.

10. Vom rămâne în momentul prezent. Nu vom menționa trecutul sau viitorul decât dacă au legătură directă cu ceea ce ni se întâmplă aici și acum.

11. Tot ceea ce se va spune în grup va rămâne confidențial.

12. Vom respecta tăcerea, știind că ne oferă o șansă de a fi mai prezenți și mai atenți la noi înșine și la ceilalți.

13. Dacă simțim că grupul „deviază", vom cere un moment de liniște, timp în care ne putem re-centra și ne putem aduce aminte de obiectivul său.

14. Ne vom aminti mereu că nu putem parcurge într-un mod perfect acest proces și vom fi înțelegători cu noi înșine. Vom folosi tot ceea se naște din grup ca pe o ocazie de a practica iertarea.

Hotărârile grupului:

- Suntem de acord să respectăm obiectivul grupului.
- Suntem de acord să punem în aplicare regulile de bază.
- Suntem de acord să venim la timp la fiecare întâlnire a grupului.
- Suntem de acord să participăm la fiecare întâlnire a grupului.

Observație: Unii oameni preferă să citească regulile la persoana întâi singular. Acest lucru îi ajută să le personalizeze. Dacă dorești, ești liber să faci același lucru.

Folosește indicațiile pentru a crea și a conduce Grupul de practică *Cheile Împărăției*. Cel mai bine ar fi ca grupul să se întâlnească o dată pe săptămână, opt săptămâni la rând. Dacă se poate, începe grupul imediat după Luna nouă.

Ideal este ca grupul de afinitate să fie alcătuit din 6-20 persoane. Sunt bune, însă, și grupurile mai mici. Regula de bază este să fie de la două persoane în sus. Chiar dacă grupul este alcătuit doar din tine și încă un „amic de afinitate", poate să vă ofere amândurora mult sprijin. Există persoane care se întâlnesc de ani de zile pentru a se asculta și a se sprijini una pe cealaltă.

Pentru mai multe informații despre Procedeul Grupului de Afinitate și despre cum poate fi creat un astfel de grup, citește cartea mea *Living in the Heart*.

Calendarul lunar și cel solar

Cel mai indicat este să faci practicile din această carte în mod spontan, după placul inimii. În acest fel îți păstrezi ritmurile naturale din viață. Cu toate acestea, dacă vrei să lucrezi cu ciclurile naturii, folosește următoarele indicații privitoare la calendarul lunar și la cel solar.

A lucra cu calendarul lunar

Începe să citești această carte pe Lună nouă și încheie lectura înainte de încheierea acelui ciclu lunar. Începe practica spirituală la următoarea Lună nouă, dedicându-i fiecărei practici câte o săptămână. Ai nevoie, deci, de aproape trei luni de zile. Dacă vrei să te întâlnești și cu alți oameni care să te ajute să aplici aceste învățături, folosește *Regulile* din această secțiune și creează un spațiu în care poți împărtăși totul în siguranță.

Poți aprofunda procesul dedicându-i câte o lună fiecărei practici. În acest caz, vei avea nevoie de nouă luni de zile. Este aceeași durată de timp în care mama poartă fătul în pântece. În acest fel îți faci o impresie despre puterea ciclului lunar și despre energia feminină de care este nevoie pentru ocrotirea și susținerea acestor practici, până când ajung să dea roade.

Poți începe acest proces în orice zi cu Lună nouă, dar, dacă se poate, începe cu prima Lună nouă de după solstițiul de iarnă sau cu prima Lună nouă de după ziua ta de naștere.

Poți găsi multe informații despre ciclul lunar la adresa http://www.moonconnection.com/moon_phases.phtml.

Poți obține și un calendar lunar actual de pe același website, la adresa: http://www.moonconnection.com/moon_phases_calendar.pht ml.

A lucra cu ciclul solar

Ciclul solar începe și se încheie la solstițiul de iarnă (22 decembrie). Dacă se poate, începe practica la solstițiul de iarnă, dedicând aproximativ 45,5 zile fiecărei practici. Datele aproximative pentru începerea fiecărei practici sunt oferite în text. Datele pentru solstiții, echinocții și punctele de mijloc dintre aceste puncte cardinale pot varia puțin de la an la an.

Verificați datele și orele pentru regiunea unde locuiți, pentru a stabili momentul exact. (În astrologie, aceste puncte corespund cu momentul când poziția soarelui este 0° Berbec, 0° Rac, 0° Balanță și 0° Capricorn).

Paul Ferrini – workshopul *Adevărata fericire*

Acest workshop te va ajuta să te vindeci de rănile din copilărie, să elimini tiparele de trădare de sine, să-ți asumi puterea personală și să-ți îndeplinești menirea din această viață. Participarea la astfel de worshopuri reprezintă un pas firesc după citirea și extragerea beneficilor din lucrarea *Cheile Împărăției.*

Scurtă prezentare a programului *Adevărata fericire*

Toți putem avea parte de fericire autentică. Nu există niciun defect sau neajuns care să ne împiedice să fim fericiți. Cu toate acestea, există false convingeri ce trebuie puse sub semnul îndoielii și răni ce trebuie vindecate, astfel încât să ne putem deschide cu totul inima către iubire și viață.

Închipuie-ți cum ar fi viața ta dacă:

- Ai crede în tine însuți și ai ști că ai un dar de oferit.
- Ai da curs liber visurilor tale în loc să te îndoiești mereu de ele.
- Ai înfrunta problemele vieții fără frică.
- Te-ai iubi indiferent ce se întâmplă.

Adevărata fericire începe cu relația ta cu tine însuți. Cere o acceptare de sine radicală. Cere să nu-i mai învinuiești pe ceilalți și să începi să-ți asumi responsabilitatea pentru iubirea de sine.

Acest workshop te va ajuta:

- să treci prin suferință și să-ți vindeci rănile
- să te ierți pe tine și să-i ierți pe ceilalți
- să începi să-ți asumi responsabilitatea pentru propria viață

Îți va oferi metode concrete prin care:

- să te conectezi la Sinele tău adevărat
- să atragi relații sincere și satisfăcătoare
- să creezi o activitate cu sens, care îți exprimă darurile

Îți va da forța de a trăi viața pentru care ești menit.

Workshopul *Adevărata fericire* constă în trei cursuri intensive de weekend.

Faza 1 – TREZIREA – ieșirea din negare, simțirea suferinței și conectarea la Iubire.

Faza 2 – VINDECAREA – vindecarea rănilor din copilărie, schimbarea convingerilor dăunătoare și eliminarea tiparelor de trădare de sine.

Faza 3 – ÎNTĂRIREA SINELUI – realizarea potențialului în muncă și relații, trăirea în pace și armonie alături de cei din jur.

Pentru mai multe informații despre următorul workshop *Adevărata fericire*, în Statele Unite și în lume, contactează-ne la orders@heartwayspress.com sau vizitează website-ul nostru: www.paulferrini.com.

Despre autor

Paul Ferrini este autorul a peste 40 de cărți despre iubire, vindecare și iertare. Modul său unic în care îmbină spiritualitatea și psihologia nu numai că ne arată cum să ne refacem și să ne ajutăm singuri, ci ajunge chiar la esența vindecării. Conferințele, grupurile sale de studiu și Procedeul Grupului de Afinitate au ajutat mii de oameni să-și aprofundeze practica iertării și să-și deschidă inima către prezența Divină din ei înșiși și din ceilalți.

Pentru mai multe informații despre activitatea lui Paul, vizitează website-ul www.paulferrini.com. Pe site găsești multe fragmente din cărțile lui Paul Ferrini și informații despre workshopurile și retreaturile sale. Nu uita să ceri prin e-mail atât newsletterul său gratuit, cât și catalogul gratuit cu cărțile și produsele sale audio. Trimite un e-mail la info@heartwayspress.com sau scrie pe adresa Heartways Press, 9 Phillips Street, Greenfield, MA 01301.

Cuprins

Editura For You

Str. Hagi Ghiţă, nr. 58, Sector 1, Bucureşti
Tel./fax: 021/665.62.23
Mobil: 0724.212.695; 0724.212.691
E-mail: comenzi@editura-foryou.ro
Website: www.editura-foryou.ro
Facebook: Editura-For-You
Instagram: @edituraforyou
Twitter: @EdituraForYou